Sabine Asgodom

Reden ist Gold

Inhalt

Lust auf Reden

Als ich vor der ersten leeren Computerseite dieses Buches saß, packte mich – wie vor jedem wichtigen Schreibakt – kurz die kalte Panik: »Ich kann es nicht, ich schaffe es nicht, über 200 Seiten, die Zeit ist zu kurz, ich hab mich überschätzt, wie fange ich bloß an?« Kennen Sie eine ähnliche Situation? Ein ähnliches Gefühl? Beispielsweise, wenn Sie einen Vortrag vorbereiten oder wissen, daß Sie am nächsten Tag ein Referat oder eine Präsentation halten müssen?

In solchen Streßsituationen gibt es zwei Möglichkeiten. Die eine wäre aufzugeben – wir sagen den Vortrag ab, schicken lieber eine Kollegin, melden uns krank oder ziehen am besten gleich mit unbekannter Adresse um. »Vermeidungsstrategie« nennen dies Psychologen. Der Effekt: Wir brauchen uns diesem unerträglichen Streß nicht mehr auszusetzen. Dann haben wir unsere Ruhe; ersparen uns Magenkrämpfe oder Migräne, schweißnasse Hände oder Herzflimmern.

Die andere Möglichkeit: Wir stellen uns den zu erwartenden körperlichen und mentalen Reaktionen – überwinden den inneren Schweinehund, arbeiten an unseren Schwächen, besinnen uns auf unsere Stärken, bereiten uns so gut wie möglich vor, wenn's sein muß, mit fremder Hilfe, und halten diese Situation aus, wenn auch mit zitternden Knien. Der Effekt: Wir machen die Erfahrung, daß wir solche Situationen »überleben«

können, daß wir nicht ohnmächtig am Rednerpult zusammenbrechen, nicht vor Scham sterben, nicht ausgelacht oder aus dem Saal gejagt werden. Wir wundern uns vielleicht, daß unsere Rede, unser Referat oder unsere Präsentation verhältnismäßig gut angekommen ist. Und wenn wir Glück haben, spüren wir eine ungeheure Freude über die überstandene Situation, eine riesige Erleichterung, ja, ein Gefühl des Stolzes. Ein breites Grinsen überzieht unser Gesicht, wenn wir an die Zustimmung unserer Zuhörer denken. Die Schultern straffen sich und der Kopf steht pfeilgerade auf dem Hals, wenn wir uns an das überschwengliche Feedback erinnern. »Wow!«, wir kennen alle diese Siegespose: die geballte Faust, die ruckartig zum Körper gezogen wird: »Schaut her, ich hab es geschafft!!!«

Dieses Buch begleitet Sie von der ersten Idee für eine Rede über den ersten Schritt ans Rednerpult bis zum Bad im donnernden Applaus: »Standing ovations« ist unser Ziel! Meine Ausführungen sollen Ihnen helfen, dieses Gefühl zu erleben, zu genießen und auszukosten. Ich möchte Ihnen Mut machen, sich solchen Streßsituationen auszusetzen und sie glanzvoll zu bestehen. Ihnen werden wertvolle Anregungen gegeben, wie Sie eine wirklich gute Rede halten, Ihr Publikum verzaubern und sich selbst überzeugend darstellen können.

Nach dem Erfolg meines ECON-Buches »Eigenlob stimmt« wurde ich zu zahlreichen Seminaren und Vorträgen zum Thema Selbstdarstellung eingeladen, und in den Diskussionen wurde eines immer wieder ganz deutlich: Der Schritt hinauf aufs Podium kostet selbst Profis immer wieder eine riesige Überwindung. Die Vorstellung, im Mittelpunkt zu stehen, alle Blicke auf sich gerichtet zu fühlen ist für viele Menschen angstbesetzt. Und selbst der verdiente Lohn, nämlich der

Applaus, ist für einige schwer zu ertragen und gewöhnungsbedürftig.

Andere absolvieren solche Auftritte offenbar, ohne mit der Wimper zu zucken. Aber bewegen sie auch das Publikum? Seit ich mit kritischer, aber verständnisvoller Distanz anderen Menschen beim Reden zuhöre und vor allem zusehe, fallen mir folgende Anzeichen von Unsicherheit auf: hilflose Gesten und verkrampfte Mimik; eine gepreßte Stimme, der mangels ausreichendem Atem alle Energie fehlt; eine Rhetorik, die den Redner dazu verführt, starr sein Manuskript abzulesen; mangelnde Kommunikation mit dem Publikum und, und, und...

Diese Anzeichen des fehlenden Glaubens an die eigene Rednerqualität sind bei Männern und Frauen gleichermaßen zu erkennen, bei Berufsanfängern wie Topmanager/innen. Ich sah so manchen gestandenen Firmenboß, der auch noch bei der zehnten Produktpräsentation vor großem Publikum sein Manuskript umklammerte, jeden Augenkontakt mit den Zuhörern vermied und scheinbar teilnahmslos die vorgestanzten Sätze ablas.

Und andererseits erlebte ich begnadete Redner, Menschen, die ohne sichtbare Anstrengung auch schwierigste Themen spannend und lebendig vermitteln konnten. Menschen, die ihre Thesen überzeugend formulierten, ja ihr Publikum begeisterten. Und ich schaute mir diese Menschen besonders sorgfältig an: Was haben sie, was andere nicht haben? Gibt es das »Geheimnis der guten Rede«? Welche Tricks beherrschen sie? Wie und wodurch wirken sie so überzeugend, anregend, begeisternd auf ihre Zuhörer? Ich fand eine Untersuchung des amerikanischen Psychologen Albert Mehrabian. Er behauptet, daß nicht der Inhalt einer Rede, sondern daß unsere Stimme, und mehr noch als diese unsere Körpersprache und unser Aussehen, für den Erfolg einer Rede ausschlaggebend sind. Hier Mehrabians Formel:

- Inhalt .... 7 Prozent
- Tonfall .... 38 Prozent
- Körpersprache, Aussehen .... 55 Prozent

Dieses Buch »Reden ist Gold« ist die logische Fortsetzung meines letzten Buchs »Eigenlob stimmt – Erfolg durch Selbst-PR«. Denn: Wie können wir uns profilieren und zeigen, was in uns steckt, wie können wir erfolgreich Ideen oder Produkte verkaufen, wenn wir uns nicht einmal hinauf aufs Podium trauen?

Dieser Mut zum großen Auftritt wird immer wichtiger in einer Zeit, in der die Redenanlässe im Berufsleben stetig ansteigen: Wer sich in seiner Branche einen Namen machen möchte, wer sein Unternehmen in der Öffentlichkeit vertreten will, kommt um Vorträge, Referate, Präsentationen, also Reden vor vielen Leuten nicht mehr herum.

Es beruhigt Sie vielleicht, was die alten Römer übers Reden gesagt haben: Poeta nacitur, orator fit – Der Dichter wird geboren, der Redner wird gemacht. Doch wo lernen wir die Kunst der geschliffenen Rede? In der Schule? Wohl nicht. Im Studium? Meistens Fehlanzeige. Im Rhetorikkurs? Höchstens in Ansätzen. »Learning by doing« heißt das Rezept! Ein Rhetorikkurs, egal ob beim teuersten Seminaranbieter oder bei der Volkshochschule, kann sicher Anregungen geben, doch die Umsetzung in die Praxis liegt bei jedem/jeder einzelnen. Um ein guter Redner oder eine gute Rednerin zu werden, bedarf es auch mehr als nur ausgefeilter Technik.

Ich halte die innere Einstellung für mindestens genauso wichtig wie äußere Geschicklichkeit: Sich im Inneren selbst als guten Redner/gute Rednerin sehen; Ängste erkennen und überwinden; aus der Kindheit stammende Glaubenssätze (»Reden ist Silber, schweigen ist Gold« beispielsweise) überprüfen und revidieren.

Erwarten Sie deshalb hier nicht das einunddreißigste Buch »Besser präsentieren« oder »Die kleine Rednerschule«. Ich halte die Wirkung solcher Sammlungen von Rhetorikregeln und Präsentationstechniken für begrenzt. Vielleicht geben sie ein paar gute Anregungen, doch sie helfen Redeängstlichen genausowenig, wie man einem Wüstenbewohner per schriftlicher Anleitung das Schwimmen beibringen kann.

Meine Hauptintention ist es deshalb, Ihnen anhand vieler Beispiele, auch aus meiner eigenen Rednerkarriere, das Gefühl dafür zu vermitteln, warum wir an uns zweifeln, wovor wir uns ängstigen, und welcher Triumph sich nach Überwindung aller Barrieren einstellen kann. Und dies tue ich ganz ehrlich aus eigenem Erleben heraus. Ich möchte Ihnen erzählen, wie ein redebegabtes Kind den Glauben an sich verloren hatte – und wie es in mühsamer Arbeit diesen Glauben zurückgewann. Wenn ich heute einen Vortrag halte, glaubt mir kein Mensch mehr, daß ich mich noch vor einigen Jahren am Rednerpult wegen zitternder Knie kaum aufrecht halten konnte. Ich erinnere mich noch an diese verfluchte Angst, daß die Stimme wegbleiben könnte, die Angst vorm völligen Blackout.

Ich werde Ihnen in diesem Buch beschreiben, wie ich nach und nach, auch mit Hilfe von guten Freunden und Trainern, Sicherheit gewann, wie sich die Angst ganz langsam auflöste. Und ich werde Ihnen von diesem unbeschreiblichen Augenblick erzählen, als ich wußte: »Jetzt habe ich es geschafft!«

Sie selbst werden in diesem Buch herausfinden können, welcher Rednertyp Sie sind und welche besonderen

Stärken Sie einsetzen können. Sie werden eine Menge über die mentale und die körperliche Vorbereitung von Reden erfahren. Und die wichtigsten Schritte von der Idee oder dem Auftrag bis zum vortragsreifen Manuskript nachvollziehen können. Sie werden die Magie der Stimme besser einsetzen können und die Macht der Sprache erleben. Sie werden erfahren, wie wichtig die ersten 30 Sekunden vor Ihrem Publikum sind und wie Sie diese Chance durch Körpersprache und äußere Wirkung, etwa durch Kleidung und Accessoires, nutzen können.

Natürlich verrate ich Ihnen auch einige Kniffe der Rhetorik und zeige Ihnen, wie Sie durch ein geschicktes Drehbuch aus Ihrer Präsentation eine Performance machen können. Ich werde Ihnen aber auch die Fallstricke der modernen Kommunikationsmedien wie Overhead oder Dias aufzeigen, die jede Rede ins Chaos, Ihre gerade sorgfältig aufgebaute Wirkung ins Nichts stürzen können.

Aber mehr als alles andere möchte ich Ihnen Lust aufs Redenhalten machen! Denn das kann ich Ihnen versichern: Es gibt kaum ein tolleres Gefühl, als eine Gruppe von interessierten Leuten mit Worten zu bannen, Reaktionen hervorzurufen und Erkenntnisprozesse auszulösen. Nennen Sie es ruhig Manipulation, dieses Wort heißt ursprünglich schließlich nichts anderes als Fingerfertigkeit, Kunstgriff. Hinter jeder Rede steckt doch der Wunsch, die Zuhörer zu einer uns genehmen Reaktion zu veranlassen: Kunden sollen unser Produkt kaufen, Fachkollegen unsere Kompetenz bewundern. Wir wollen Eindruck beim Chef machen oder Meinungen beeinflussen; wir wollen etwas erreichen oder in Gang setzen, wollen aufrütteln oder beruhigen, animieren oder warnen. Deshalb geht es in diesem Buch auch ganz stark um die eigene Motivation: Warum trete ich ins Rampenlicht? Was will ich damit bewirken? Aber genauso wichtig sind Fragen wie: Stehe ich hinter dem, was ich sagen will oder muß? Und was halte ich von meinem Publikum?

In diesem Zusammenhang möchte ich mich bei den Menschen bedanken, die mir geholfen und die mich motiviert haben, dieses Buch zu schreiben: Achim Hofmann aus Erlangen, der ein begnadeter Trainer für Körpersprache, aber auch ein ebenso bezaubernder Theaterclown ist und der mir immer wieder Mut gemacht hat; Barbara Lerch, Münchner Diplom-Psychologin und Atempädagogin, die mir half, mein Körpergefühl zu entwickeln und meinen Atem zu aktivieren, und die viele einfache, aber überzeugende Übungen zu diesem Buch beisteuerte; Antje Felscher, Autorin und Ghostwriterin aus Duisburg, die bereit war, mir ihr Erfolgsrezept für gute Manuskripte zu verraten; Ulrike Bergmann, Münchner Managementtrainerin, die aus den USA die Idee der »Erfolgsteams« mitgebracht hat und die mir neue Aspekte des großen Auftritts nahegebracht hat (einen Toast auf Ulrike!); Renate Weiss-Kochs, Farb- und Stilberaterin aus Gilching bei München, die mir half, das Gefühl für meine eigene äußere Erscheinung zu sensibilisieren und mit der ich jetzt gemeinsame Seminare gestalte; Christiane Weinreich, Rhetoriktrainerin und Schauspielerin aus Berlin, von der ich sehr viel über die »Sinnfrage« des Redenden gelernt habe.

Bedanken möchte ich mich bei meiner Lektorin Christina Seitz für die wichtige Konzeptdiskussion und freundschaftliche Betreuung. Dank an Alexandra Fuzinski, deren Tarotkarten, die sie mir einst auf der Buchmesse geschenkt hat, mich immer wieder in die Lage versetzt haben, meine Gedanken zu konzentrieren und den Blick fürs Wesentliche zu schärfen.

Und nicht zuletzt gilt mein Dank meiner Familie, die ihre angesichts des Zeitdrucks jammernde Frau und Mutter (natürlich wieder zu spät angefangen!) an den Schreibtisch fesselte, die Bürotür versperrte, für Wasser und Brot sorgte, ihre Wutausbrüche erduldete und Störungen fernhielt – bis die letzte Manuskriptseite aus dem Drucker quoll.

Ich wundere mich, daß ihr mich immer noch liebt. Danke.

Wie Sie Ihre Reden auf einen Schlag um 50 Prozent verbessern können!

Menschen, die sich überwinden müssen, vor einem größeren Kreis von Menschen zu reden, denen das Auftreten vor Publikum schwerfällt, oder die noch wenig Übung darin haben, vor eine Öffentlichkeit zu treten, haben oft unbewußt ausgeklügelte Sabotagemethoden entwickelt, die das Gesagte klammheimlich, aber wirkungsvoll zurücknehmen.

Den meisten Menschen sind diese Sabotagesysteme, und seien sie noch so kraß, selbst nicht bewußt. Erst wenn sie von anderen ein Feedback bekommen, fällt es ihnen auf.

Diese kleinen Vereitelungstricks beobachte ich in jedem Einzelcoaching, in jedem Beratungsgespräch, in jedem Seminar. Es sind ganz unterschiedliche Methoden, aber sie haben alle die gleiche Wirkung: Sie tragen dazu bei, daß der Inhalt der Rede, des Vortrags, des Referats oder des Diskussionsbeitrags überschattet, abgeschwächt oder sogar in sein Gegenteil verkehrt wird.

Viele Menschen wundern sich, daß ihr Redebeitrag nicht die gewünschte Wirkung erzielt. Er wird nicht beachtet, oder wenn er kurz darauf von einem anderen wiederholt wird, dann als dessen geniale rettende Idee gefeiert. Sie können nicht nachvollziehen, warum ihre Forderungen oder Anregungen nicht aufgenommen oder erfüllt werden. Diese Mißerfolge verstärken das Gefühl des: »Hat ja doch keinen Zweck, auf mich hört sowieso keiner.«

Dabei bedarf es nur sechs Grundregeln, um auf einen Schlag die kleinen Saboteure zu stoppen und unsere Wirkung um 50 Prozent zu verbessern. Ich möchte Ihnen hier diese Grundregeln kurz erläutern, damit Sie gleich ab heute auf Ihre eigenen kleinen Saboteure achten können (ausführlich werden die einzelnen Kapitel noch in diesem Buch behandelt):

1. Sagen Sie, was Sie meinen

Ist doch eigentlich selbstverständlich. Aber oft schlägt uns unser Unterbewußtsein ein Schnippchen. Achten Sie auf Ausdrücke und Wörter, die den Inhalt Ihrer Rede schwächen oder zurücknehmen könnten. Dies sind insbesondere die Wörter »eigentlich«, »vielleicht«, »ziemlich«, »ein bißchen«, »ganz«, »nur«, »auch«, »natürlich«, »ich glaube«, »ich denke«.
Hier einige Beispiele, die ich während meiner Seminare zum Thema »Selbst-PR« gesammelt habe. Die Teilnehmer/innen müssen sich im Plenum mit ihrem Stärkenprofil vorstellen. Da fallen dann Sätze wie diese: »Ich kann eigentlich ganz gut organisieren.« Oder: »Ich habe natürlich studiert ...« Oder: »Ich bin auch ein bißchen für die Weiterbildung bei uns zuständig.« Der absolute Nullsatz lautet etwa so: »Ich glaube, ich kann vielleicht ganz gut ..., denke ich.« Merken Sie, wie die Sprechenden mit diesen kleinen Saboteuren die Wirkung des Gesagten zurücknehmen? Was heißt »ein bißchen«? Es heißt gar nichts. Oder »ganz gut«? Es bedeutet »weniger als gut«. Wenn Sie etwas können, vorschlagen oder fordern, dann sagen Sie es auch deutlich.

2. Sprechen Sie langsam

Viele Menschen schaffen es, durch extremes Schnell-
sprechen vom Inhalt des Gesagten total abzulenken. Sie
rattern ihre Sätze so schnell heraus, daß kein Zuhörer die
Chance hat, überhaupt zu begreifen, was sie sagen. Und
das ist unbewußt auch so gewollt. Der Beweggrund:
Wenn die anderen mich nicht verstehen, dann können sie
sich auch nicht ernsthaft mit dem Inhalt befassen. Und
das wiederum bedeutet, sie können mir nicht widerspre-
chen, mich nicht kritisieren (und manchmal auch: mich
nicht einmal dafür loben). Deshalb: Wenn Sie möchten,
daß das, was Sie sagen, auch gehört wird – sprechen Sie
langsam! Lassen Sie zwischen den Sätzen kurze Pausen,
so daß Ihre Zuhörer eine Chance bekommen, Ihrem
Gedankengang zu folgen.
Ich weiß, daß manche Menschen Pausen als peinlich
empfinden. Aber dies beginnt erst bei 20 oder 30 Sekunden
Ruhe. Nehmen Sie einen Atemzug zwischen zwei Sätzen.
Das dauert höchstens vier Sekunden. Als gute Einstiegshil-
fe für die geschickte Pausentechnik hilft manchen Menschen, sich hinter jedem Satz das Wort »Punkt« zu denken.
Erst dann geht's weiter. Sie werden sehen, daß die
Aufmerksamkeit Ihrer Zuhörer schlagartig wächst.

3. Sprechen Sie laut

Viele Menschen, und besonders Frauen, haben die
Angewohnheit, in wichtigen Situationen, zum Beispiel in
Konferenzen oder bei Vorträgen, ihre Stimme auf »low«
zu stellen. Nach dem Motto: Wenn mich keiner hört, dann
kann mich auch keiner kritisieren. Sicher, der eine oder
andere hat nun mal eine leisere Stimme, dies hängt auch

von der Länge der Stimmbänder ab, und die sind bei zarten kleinen Frauen nun mal kürzer als bei 2-Meter-Männern. Doch jede kann sich bemühen, so klar und laut zu sprechen, wie es ihr möglich ist, sich dabei aufzurichten und gut durchzuatmen – wenn sie wirklich gehört werden möchte.

4. Stellen Sie Behauptungen auf und keine Fragen

Rhetorische Fragen sind zwar ein wunderbares Stilmittel, um die Aufmerksamkeit von Zuhörern zu steigern. Doch die Angewohnheit, jeden Vorschlag, jede Forderung in eine Frage zu kleiden, schwächt die Wirkung.
Einige Beispiele: »Sollten wir nicht langsam zum Schluß kommen?« »Finden Sie nicht auch, daß ich morgen im Vorstand unser Projekt vorstellen sollte?« »Bräuchten wir nicht endlich ein neues Computersystem?« Auch hier übernehmen die kleinen Saboteure die Rolle des Schutzschirms. Wird die Frage mit »Nein« beantwortet, sind wir fein raus: »Ich habe ja auch nur gefragt!« Möchten Sie wirklich etwas erreichen, sagen Sie klar, was Sie wollen: »Ich möchte gern morgen im Vorstand unser Projekt vorstellen. Ich habe dazu dieses Papier vorbereitet.« Natürlich ist es höflich und im Team selbstverständlich, daß Sie dann das Einverständnis einholen: »Sind alle damit einverstanden?«

5. Achten Sie auf Ihre Körpersprache

Mehr als alle Worte kann uns unser Körper sabotieren. Erinnern Sie sich an die Formel von Meister Mehrabian, daß zu über 90 Prozent Auftreten und Äußerlichkeiten unsere Wirkung bei einer Rede bestimmen und weniger als 10 Prozent der Inhalt? Es ist eine Tatsache: Unser Körper kann unsere Rede leicht übertönen – und oft, ohne daß wir es überhaupt merken.

Am besten kann man sich das mit einer kleinen Übung klarmachen, die ich einmal beim Körpersprachetrainer Achim Hofmann gesehen habe: »Schauen Sie auf den Boden«, sagt er in seinen Vorträgen und weist gleichzeitig mit seiner rechten Hand und mit seinem Kopf zur Decke. Was glauben Sie, wohin die Zuhörer gucken? Na klar, sie folgen den Gesten, nicht den Worten. Genau das gleiche geschieht, wenn unser Körper etwas anderes sagt, als unsere Worte. Wenn er sich klein macht beispielsweise, oder wenn sich die Hände verkrampfen. Er kann Schwäche signalisieren, während wir mit Worten Stärke zeigen wollen.

Es gibt noch eine ganze Reihe anderer Sabotagetricks, mit denen unser Körper vom Inhalt unserer Rede ablenkt: Die Finger spielen unaufhörlich mit Kugelschreiber oder Büroklammern, so daß alle auf unsere Hände starren. Wir schütteln den Kopf, während wir ganz wichtige Sachen sagen, der Körper sagt »Nein, nein, das meint die gar nicht.« Oder wir schwanken mit dem Oberkörper so stark hin und her, daß den Zuhörern vom Zusehen schwindelig wird. Achten Sie auf die kleinen Tricks Ihres Körpers. Nur wenn Sie die Sabotage erkennen, können Sie sie während des Redens stoppen.

6. Suchen Sie den Kontakt zum Publikum

Ein weiteres beliebtes (natürlich unbewußtes) Mittel, um vom Inhalt einer Rede abzulenken, ist das völlige

Ignorieren des Publikums. Ich glaube manchmal, dahinter steckt das alte Kinderspiel: Wenn ich dich nicht sehe, siehst du mich auch nicht. Also bloß niemanden anschauen, den Text schnell zu Ende bringen – und Tschüs. Wenn Sie möchten, daß Ihre Zuhörer etwas von dem aufnehmen, was Sie vortragen, dann suchen Sie den direkten Kontakt mit ihnen! Das heißt vor allem: Schauen Sie Ihren Zuhörern ins Gesicht, stellen Sie kleine »Brücken« her. Lassen Sie die interessierten Blicke Ihres Publikums nicht am Scheitel abprallen, sondern suchen Sie das Echo Ihrer Worte in den Mienen Ihrer Zuhörer: Ein Lächeln, wenn Sie Humor versprühen; ein Stirnrunzeln, wenn Sie ein Problem ansprechen; die gehobenen Augenbrauen, wenn Sie etwas Spannendes gesagt haben. Ich habe neulich einen wunderschönen Spruch dazu gelesen: »Wer das Auge hat, hat auch das Ohr!« Na also!

Bereit zum großen Auftritt

Wie Glaubenssätze unsere Rednerkarriere beeinflussen

Wenn wir uns damit befassen, was einen guten Redner/ eine gute Rednerin ausmacht, dann sollten wir uns zuerst einmal anschauen, was einen Menschen daran hindert, frei und fröhlich Reden zu halten. Dafür kann es nur zwei Gründe geben. Der erste: Die Person hat nichts zu sagen. Allerdings werden viele Reden gehalten, ohne etwas zu sagen. Der zweite und wahrscheinlichere: Die Person hat Angst davor, das Wort zu ergreifen.

Vor einigen Jahren wurden amerikanische Manager nach ihren Urängsten befragt. Benannt wurden die Angst vor Krankheit und Tod, vor Einsamkeit, vor Schlangen und Insekten. Doch an allererster Stelle stand die Angst davor, Präsentationen halten zu müssen.

Dahinter steckt die sogenannte »Publikumsangst«, also die Angst aus der Menge herausgehoben zu sein und sich der Kritik dieser Menge stellen zu müssen (nicht zu verwechseln mit Lampenfieber, aber darauf komme ich später). Diese Publikumsangst erklärt, warum viele Menschen zwar im vertrauten Freundes- oder Kollegenkreis ihre Meinung hervorragend vertreten können, aber schon in einer größeren Konferenz sich scheuen, dieselben Ideen in die Diskussion einzubringen. Und allein der

Gedanke, auf einer Bühne stehen zu müssen und ein Referat zu ihrem Fachgebiet zu halten, läßt ihnen die Haare zu Berge stehen.

Diese Publikumsangst führt dazu, daß viele Menschen, die tatsächlich etwas zu sagen hätten, alle Möglichkeiten, dies vor großem Publikum zu tun, verstreichen lassen oder sich sogar davor »drücken«. Sie lassen gern die Kollegin in die Konferenz gehen und bestücken sie noch mit vielen guten Tips: »Sag aber auch, daß ...« oder »Vergiß nicht, ...«. Oder sie setzen sich bei einem Meeting in die zweite Reihe gleich neben der Tür, so daß bloß keine Aufmerksamkeit auf sie fällt. Wird in einem Workshop ein Berichterstatter fürs Plenum gesucht, schauen sie besser gar nicht auf, so daß niemand auf die Idee kommt, sie mit dieser Aufgabe zu betrauen. Wird ein Referent für einen Kongreß gesucht, schlagen sie eifrig andere vor und wehren das Angebot für sich mit den Worten ab: »Nee, nee, laßt das mal andere machen. Ich bin da nicht so gut.«

Was aber, wenn sie gezwungen werden, diese ungeliebte Aufgabe trotzdem zu übernehmen – etwa weil sie als Geschäftsführer einer Millionenfirma nicht darum herumkommen, bei einer Produktpräsentation selbst das Wort zu ergreifen? Dann entledigen sie sich ihrer mit starrer Routine: Sie lassen sich eine Rede schreiben, klammern sich ans Manuskript, lesen es herunter. Andere lassen es sogar auf einen »Flop« ankommen, damit sie nie mehr mit dieser angstmachenden Situation konfrontiert werden müssen, nach dem Motto »Na, die laden mich sicher nie mehr ein.«

Grundlage jeder inneren Einstellung ist das, was wir von uns glauben: Glaube ich, daß ich gute Reden halten kann? Oder glaube ich, daß ich ein hundsmiserabler Redner bin?

Haben Sie Lust auf einen kleinen Test? Sagen Sie doch mal halblaut (wenn Sie gerade im Zug oder im Cafe sitzen, ruhig auch nur in Gedanken) vor sich hin: »Ich kann nicht gut reden.« Oder: »Ich werde niemals ein guter Redner werden!« Beobachten Sie dabei Ihre körperlichen Reaktionen.

Wenn ich mir diese Sätze vorsage, erkenne ich bei mir folgende Auswirkungen:

- Die Mundwinkel ziehen sich nach unten.
- Die Augenlider senken sich.
- Der Kopf sinkt herab.
- Aus meiner Brust steigt ein tiefer Seufzer.

Und genauso stehen Menschen an einem Rednerpult, die von sich glauben, daß sie nicht reden können.

»Glaubenssätze« nennen denn auch Psychologen solche Meinungen von Menschen über sich selbst. Es gibt viele verschiedene Glaubenssätze, positive wie negative, wie beispielsweise »Ich kann gut singen« oder »Ich werde nie reich« oder »Ich bin häßlich«. Und man muß keine Psychologin sein, um zu verstehen, daß Hammersätze über das Selbst Menschen in tiefe Hilflosigkeit drücken.

Genauso funktioniert der Satz »Ich bin kein guter Redner!« oder »Ich werde niemals eine gute Rednerin sein!« Wenn wir diesen Glaubenssatz unverändert stehenlassen, wird er unsere Erfahrungen bestimmen. Es gibt einen englischen Ausdruck für diese Automatik: »Selffulfilling Prophecies«. Diese »Wirklichkeit werdenden Prophezeiungen« werden das eintreten lassen, woran wir glauben. Und wenn dieser Glaube negativ ist, werden auch die negativen Folgen auftreten.

In meinen Seminaren erlebe ich immer wieder, wie tief dieser Glaube in den Menschen steckt. Ganz typisch sind dann Sätze wie: »Ich wüßte genau, was ich sagen würde. Aber im entscheidenden Moment traue ich mich doch nicht aufzustehen, weil ich dann plötzlich an meiner Meinung, an meinen Ideen zweifle. Was, wenn ich völligen Quatsch produziere? Aber wenn dann später jemand anderes mit meinen Gedanken Beifall bekommt, könnte ich mich grün und blau ärgern.« Oder: »Ich hab vor kurzem abgelehnt, ein Referat über ein bestimmtes Thema zu halten. Ich fand, ich wußte nicht genug. Als ich dann das Referat von einem Kollegen gehört habe, habe ich gedacht: Na, so gut hätte ich das auch hingekriegt. Warum traue ich mich bloß nicht?«

Ich habe vor kurzem in einem Internetforum nach Erfahrungen mit öffentlichen Auftritten gefragt. Die eindrucksvollste Antwort kam von Sophie D., einer freien Journalistin aus Dallas/Texas. Sie schilderte mir ihre Erfahrungen in einer e-mail so:

»Ich habe aufgehört Reden zu halten, weil ich jedesmal fürchterlich nervös wurde und es nicht mehr aushalten konnte. Es schien jedesmal so verheißungsvoll, wenn mich Leute baten, einen Vortrag zu halten. Ich war immer furchtbar aufgeregt, der Tag schien gar nicht näherzukommen. Aber natürlich kam er doch. In der Nacht zuvor machte ich kein Auge zu. Und am Morgen geriet ich dann regelmäßig in Panik. Hatte weiche Knie, Grummeln im Bauch, solche Sachen. Die Vorträge gerieten offenbar trotzdem ganz gut, aber das konnte mich nie beruhigen.

Das Schlimmste, was mir jemals passiert ist (es war nicht wirklich schrecklich, aber furchtbar peinlich für mich), war, als ich vor einer Gruppe technischer Redakteure über die Arbeit als Freelancer reden sollte. Ich hatte keine Ahnung vom Schreiben über Technik, ich schreibe eher Essays, Reisereportagen oder Porträts. Ich weiß nicht mehr, welche Frage gestellt worden war, ich weiß nur noch, daß ich in der Antwort Ronald Reagan zitierte, der einmal gesagt hatte: ›Facts are stupid things.‹ Die Person, die die Frage gestellt hatte, wurde sehr böse und sagte: ›Als technische Redakteure können wir uns so einen Quatsch wirklich nicht leisten.‹ Heute spüre ich noch, wie mir das Blut in die Wangen schoß. Ich hätte im Mauseloch verschwinden wollen. Ich brachte zwar meinen Vortrag gut zu Ende, aber ich habe nie mehr einen solchen Auftrag angenommen.

Ich sitze noch ganz gern in Diskussionsrunden, mache auch selbst Radiosendungen, aber ich möchte nie mehr allein auf einem Podium stehen vor einer Gruppe von Leuten – ich habe einfach zuviel Angst.«

Angst ist das Stichwort, das immer wieder auftaucht, wenn es ums Redenhalten geht. Lassen Sie uns doch einmal die Ursachen dafür ansehen, welchen Glaubenssatz – ob positiv oder negativ – ein Mensch in sich trägt. Wann beginnt eine »Rednerkarriere«? Welches ist der erste erfolgreiche Auftritt, an den man sich erinnert? Dazu müssen wir meist weit in die Kindheit zurückgehen.

Lassen Sie mich an meinem eigenen Beispiel erläutern, wie eine solche Rückschau aussehen kann. Ich habe meine Retrospektive mit Hilfe des Erlanger Körpersprache- und Stimmtrainers Achim Hofmann angetreten. Er half mir mit dem Einleitungssatz: Erinnere dich an deinen ersten »großen Auftritt« in deiner Kindheit. Wann war das, was war es? Ich schloß die Augen, und in wenigen Sekunden hatte ich das Bild ganz deutlich vor mir:

Es ist in meiner Schulklasse, fünfte Klasse, Gymnasium. Wir hatten eine Erzählung gelesen, die »Pole Poppenspeeler« hieß. Ich schrieb daraufhin einen Aufsatz über Marionetten, die lebendig werden und sich miteinander unterhalten. Dieser Aufsatz ist so gelungen, daß ich nicht nur eine Eins darauf bekomme, sondern ich darf ihn auch vor der Klasse vorlesen. Ich tue dies ohne Angst, nehme die Bewunderung meiner Deutschlehrerin, »Tante Mia« nannten wir sie, und meiner Klassenkameraden völlig selbstverständlich hin. Ich bekomme den Applaus, der mir zusteht. Ich weiß, dies kann ich besser als irgend jemand sonst in der Klasse. Mir ist klar: »Hallo, ich habe ein Talent.«

Und dieses Talent pflege ich. Als ich 13 bin, wird mein erstes Gedicht veröffentlicht. Es heißt »Frühling« und erscheint in der Wochenendausgabe der »Schaumburger Nachrichten«, unserem Kreisblatt. Ein kleines, optimistisches Gedicht über die ersten Frühlingsboten, einen Kälteeinbruch und die Zuversicht, daß der Frühling doch ganz sicher kommen wird: »... Doch freut euch Leute, groß und klein, es muß doch einmal Frühling sein.« Darunter stand: Von Sabine Kynast, Rehren, 13 Jahre. Mein Vater hatte mich ermutigt, das Gedicht einzuschicken. Und sie haben es gedruckt! Ich bin entsetzlich stolz.

Wozu ich Sie mit meinem eigenen Beispiel ermutigen möchte, ist auf die Anfänge Ihrer eigenen Rednerkarriere zu schauen. Gab es solche oder ähnliche Erfolge auch in Ihrer Kindheit? Erkennen Sie in solchen erinnerten Situationen Ihr eigenes, vielleicht inzwischen verschüttetes Talent? Manchmal helfen alte Fotoalben, solche Situationen in Erinnerung zu rufen. Und mit den Fotos kommt das Gefühl zurück: »Stimmt ja, damals habe ich mich richtig gut gefühlt – ich war so stark!«

Achim Hofmann über dieses Gefühl, das positive Erinnerungen begleitet: »Hier spüren wir das Urvertrauen in die eigenen Fähigkeiten, eine Urgeborgenheit. Aus dieser Basis kommt Genialität und absolute Souveränität.«

Souveränität, die sich beispielsweise im Gesicht eines zweijährigen Kindes spiegelt, das sich inmitten einer Menschenmenge zum Rhythmus eines Straßenmusikanten im Kreise dreht. Diese Souveränität ist die Grundlage für jeden gelungenen öffentlichen Auftritt!

Aber warum erleben dann Erwachsene trotz aller positiver Erinnerungen diesen Mangel an Souveränität? Was ist da verlorengegangen? Wann ging es verloren? Und wie?

Auch diesen Erfahrungen können wir nachspüren. Indem wir uns an unseren ersten peinlichen, verletzenden und negativ geprägten Auftritt erinnern. Lassen Sie mich das wieder an meinem eigenen Beispiel deutlich machen.

Ich erinnere mich. Ich bin vielleicht fünfzehn, sechzehn. Ich habe inzwischen einige Dutzend Gedichte geschrieben, der Dichter Gottfried Benn ist mein großes Vorbild. In meinen Gedichten lege ich meine Seele bloß. Es geht nicht nur um pubertäre Schwärmereien, die ewige Liebe und den ewigen Liebeskummer, sondern immer mehr um meine Angst um die Welt und die Zukunft der Menschen. Ich habe zu diesem Zeitpunkt noch niemandem meine Werke gezeigt. Und dann gebe ich sie erstmals preis: Ich schicke sie einem Freund, an dessen Meinung mir gelegen ist. Ich bitte ihn ausdrücklich, mir ehrlich zu sagen, wie er sie findet.

Der Freund schickt sie mir mit »Noten« zurück, mit Schulnoten von zwei bis fünf, die schlechten überwiegen. Ich empfinde seine Benotung als vernichtend. Und sie vernichten mich als angehende Dichterin. Ich habe freiwillig mein Schicksal jemand anderem in die Hand gegeben und unterwerfe mich seinem Richterspruch. Ich habe danach nie mehr auch nur eine Gedichtzeile geschrieben.

Meine zweite Niederlage erleide ich wenige Jahre später

im Deutschabitur, ausgerechnet in Deutsch, meinem Fach! In der Abiturarbeit geht es um eine Gedichtserörterung (das Thema läßt mich nicht los). Welches Gedicht es war, habe ich nachhaltig verdrängt, kann sein, daß es sogar ein Gedicht von Gottfried Benn gewesen ist. Ich weiß nur noch, daß mich das Gedicht anrührt und begeistert. Meine Arbeit schreibe ich wie in Trance. Glücklich gebe ich sie ab.

Die Realität: Ich habe die Arbeit verhauen. Mein Deutschlehrer ist gnadenlos – »Thema verfehlt« steht darunter, »dies ist eine Predigt und keine Gedichtserörterung.« Mein Glaube an mich als jemand, der etwas zu sagen hat, ist zum zweiten und nachhaltigeren Mal zerstört. Was ich mir aber merke: Die Form ist offensichtlich wichtiger als der Inhalt. Und ich lerne: Mit dem, was ich zu sagen habe, lohnt es sich nicht zu reden. Meine Meinung zählt nicht.

Ich habe früher nie darüber nachgedacht, warum mein Berufswunsch von der Dichterin (über Pastorin) zur Journalistin wechselte. Heute denke ich: Als Journalistin, vor allem als Tageszeitungsjournalistin, die ich lange war, zitiert man lediglich das, was andere Leute gemacht, gedacht, gesagt haben. Andere Leute, die »wirklich wichtig« sind. Denn die eine Message hatte ich ja verstanden: »Was ich denke und glaube ist nicht wichtig!« Über 20 Jahre lang trug ich diesen negativen Glaubenssatz mit mir herum. Über 20 Jahre lang schrieb ich, um mein verlorenes Gefühl der Souveränität wiederzufinden.

Andere Menschen haben andere Schlüsselerlebnisse, die ihren Glauben an sich, als jemand, der etwas zu sagen hat, angekratzt haben. Um dahinterzukommen, sollte jeder seine »innere Geschichte« erforschen, zurück in die Kindheit, die Schulzeit: Wer hat dem Kind klargemacht, daß es nicht gefragt ist? Oder daß es besser die Klappe hält? Daß sein Beitrag herzlich überflüssig ist. Oder daß das, was es sagt, nur Stuß ist?

Ganz viele dieser Schlüsselerlebnisse führen in die Pubertät. Denn genauso wie die frühe Kindheit die Wiege des Urvertrauens ist, ist die Pubertät oft seine schwerste Prüfung. In dem Augenblick, indem wir uns unsere eigene Meinung bilden, andere kritisieren, ihnen unseren eigenen Lebensentwurf entgegensetzen, sind wir überhaupt nicht mehr »niedlich« oder »aufgeweckt«, sondern wir ecken an, fordern selbst Kritik heraus und sind oft nicht in der Lage, diese konstruktiv zu verarbeiten.

Solche Schlüsselepisoden, wie oben beschrieben, treffen junge Menschen oft in einem wichtigen Entwicklungsschritt: nämlich in der Zeit, wenn sie sich vom Talent zum Profi entwickeln könnten.

Solche Erlebnisse bedeuten den ersten schweren Einbruch in der Überzeugung, etwas Besonderes zu sein. Jetzt entscheidet sich, ob der Jugendliche sich trotz aller Kritik behauptet, zurücksteckt oder sein Talent aufgibt. Diese Rückschläge fordern vom Jugendlichen die Entscheidung: Begebe ich mich in ruhiges Fahrwasser, das heißt, schwimme ich mit der Masse, oder bahne ich mir den Weg durch Mauern, stehe ich zu meiner Einzigartigkeit?

Das Schlimmste, was einem Jugendlichen in dieser Situation passieren kann, ist die Überzeugung: »Es reicht nicht. Das, was ich kann, reicht nicht aus, wird niemals ausreichen.« In vielen Fällen heißt das eben auch: »Das, was ich sagen kann, reicht nicht aus, um es vor einer Gruppe Menschen zu sagen. Und es wird niemals ausreichen.« Damit haben wir die Ursache der meisten Redeängste.

Verstehen Sie jetzt, wie albern es ist, einem Menschen

mit diesen Urängsten ein Rhetorikbuch an die Hand zu geben? Und warum die wunderbarsten dialektischen Tricks und Finessen aus einem Menschen mit der Überzeugung »Ich kann nicht reden« niemals einen Meisterredner machen können?

Was wirklich hilft: Sich die eigenen Ängste eingestehen, sie genau ansehen und versuchen herauszufinden, wie sie zustande gekommen sind. Denn erst wenn wir erkennen, woher unsere Redehemmungen kommen, können wir daran arbeiten. Oder, wie mir die Berliner Trainerin Christiane Weinreich einmal erzählte: »Wenn jemand zu mir kommt und sagt: ›Eigentlich kann ich gar nicht reden‹, sage ich: ›Stimmt. Und das werden wir jetzt ändern!‹«

Was dabei hilft: den alten negativen Glaubenssatz durch einen neuen positiven zu ersetzen. Auch dabei hilft die Erinnerung an die innere Geschichte. Es hilft beispielsweise, sich weitere frühe Erfolgssituationen ins Gedächtnis zu rufen – und den guten Gefühlen noch einmal intensiv nachzuspüren.

Ich habe dies auch für mich getan. Hier noch ein Beispiel:

Ich bin etwa neun oder zehn Jahre alt, stehe neben einer Art Anrichte aus hellem Buchenholz. Auf der linken Seite dieser Fernsehtruhe, wie das Möbel bei uns heißt, befindet sich ein eingebauter Schwarzweißfernseher, auf der rechten Seite oben ein eingebautes Radio, darunter eine Klappe, hinter dem sich der Plattenspieler verbirgt. Neben dem Plattenspieler sind Metallbügel eingelassen, mit roter Kordel umwickelt, in denen Singles und 78er-Schallplatten stehen (ja, liebe Kinder, das war damals, als Mama klein war, der neueste Stand der Unterhaltungselektronik).

Also, ich stehe in Starpose neben dieser Kombination,

Sabine Asgodom

Reden ist Gold

Sabine Asgodom

Reden ist Gold

So wird Ihr nächster Auftritt
ein Erfolg

ECON

Widmung

Für meine Brüder
Wolfgang und Dieter Kynast

3. Auflage 1999

Der ECON Verlag
ist ein Unternehmen der ECON & List Verlagsgruppe.
© 1997 by ECON Verlag GmbH, Düsseldorf und München.
Alle Rechte der Verbreitung, auch durch Film, Funk und Fernsehen,
fotomechanische Wiedergabe, Tonträger jeder Art, auszugsweisen
Nachdruck oder Einspeicherung und Rückgewinnung in Datenverar-
beitungsanlagen aller Art, sind vorbehalten.
Lektorat: Christina Seitz/Kerstin Weiß.
Gesetzt aus der Century und Frutiger, Linotype.
Satz: Graphische Werkstätten Lehne GmbH, Grevenbroich
Papier: Papierfabrik Schleipen GmbH, Bad Dürkheim.
Druck und Bindearbeiten: Bercker Graphischer Betrieb GmbH, Kevelaer.
Printed in Germany. ISBN 3-430-11071-8

Inhalt

tröpfeln. Und dann lieber in der anschließenden Diskussion noch einige Highlights nachschießen.

Was Sie ebenfalls zu Beginn Ihrer Vorbereitungen klären sollten: Welche technischen Hilfsmittel stehen mir zur Verfügung? Das Chaos ist da, wenn Sie Ihre Rede auf 14 Folien stützen, der Raum aber nicht über einen Overheadprojektor verfügt oder sich nicht verdunkeln läßt. Auf die Tücken der Technik werde ich in einem späteren Kapitel noch einmal ausführlicher eingehen.

Wenn ich den Auftrag für einen Vortrag oder ein Referat bekommen habe, frage ich gern noch vorher die Veranstalter: Wozu haben Sie mich eingeladen? Was ist das Ziel meines Beitrags? Was erwarten Sie sich von diesem Tag? Mit welchem Gefühl sollen die Zuhörer hinterher aus dem Saal gehen? Ich möchte diese Erwartungen einfach kennen, um mich gegebenenfalls darauf einstellen zu können. Oder um gleich im Vorfeld Bescheid zu geben: »Ich habe einen anderen Schwerpunkt. Können Sie damit leben?« Ein guter Redner sollte bereit sein, seine persönliche Strategie mit der des Veranstalters zu kombinieren. Oder sich gegen einen Auftritt zu entscheiden, wenn die Ziele zu weit auseinanderliegen.

Mut-mach-Übung: Bei einem Eröffnungsvortrag empfehle ich fürs erste Mal einen Probelauf. Bitten Sie wohlmeinende, aber kritische Freunde zu einer Feedbackrunde zusammen. Halten Sie Ihren Vortrag und lassen Sie dabei die Zeit stoppen. Denn nur in einer solchen Proberunde können wir herausfinden, ob wir mit der Zeit hinkommen und/oder ob wir die Rede noch straffen müssen.

4. Die Materialsammlung

Meistens haben wir bereits eine Materialsammlung, die Grundlage für unser Thema ist. Aufsätze, die wir früher geschrieben haben, oder Stichwortsammlungen, Zeitungsartikel, Untersuchungen oder Programme. Dem aktuellen Anlaß entsprechend können wir uns neueres zusätzliches Material besorgen: aktuelle Zahlen, Fakten aus einer bestimmten Branche, Trends, Zitate oder aktuelle Anlässe, z. B. Jahrestage etc.

Das Material wird gesichtet und nach Prioritäten geordnet. Was muß unbedingt rein? Was kann noch rein, wenn genug Zeit ist? Ich kann jetzt schon abchecken: Wie kurz wird die Rede, wenn ich nur die Infos habe? Wo kann ich noch ein bißchen »Sahne« dazugeben?

Aus den vorliegenden Quellen werden die wichtigsten Aussagen zunächst mit einem Textmarker kenntlich gemacht und anschließend auf einem Extrablatt in aussagekräftige Überschriften (Headlines) zusammengefaßt. Dieses Blatt ist die wichtigste Grundlage für die spätere Rede, egal ob es ein Stichwortmanuskript, ein Mind-Map oder ein voll ausformuliertes Manuskript wird. Besondere Sorgfalt sollten Anfang und Schluß der Rede gewidmet werden. Diese beiden Passagen sollten gerade Redeneulinge unbedingt in voller Länge aufschreiben.

Mut-mach-Übung: Fangen Sie mit der Materialsammlung an, sobald Sie sich für ein bestimmtes Vortragsthema interessieren. Dafür reicht ein Schuhkarton oder ein Hängeordner, in den Sie erst einmal alles zum Thema Passende hineinwerfen. Sie sind dann vor einem aktuellen Anlaß froh, wenn Sie auf Zahlen, Beispiele oder Zitate zurückgreifen können.

5. Das Manuskript

Ich habe die Erfahrung gemacht: Je genauer man weiß, was man sagen will, um so »handlicher« wird die Vorlage. Dann reichen ein Dutzend Stichworte, drei, vier Zitate oder Zahlen, auf deren Genauigkeit es ankommt. Auf der anderen Seite empfiehlt es sich, bei neuen, umfangreichen Themen, oder gar Themen, die andere für einen zusammengestellt haben, ein ausformuliertes Manuskript zu erstellen. Hier ein Überblick über die Manuskriptformen und ihre Erstellung:

Stichwortmanuskript: Eignet sich für Vorträge aus dem eigenen Sachgebiet, also wenn der Redner/die Rednerin den Inhalt voll und ganz beherrscht und nur noch anhand von Stichwörtern sicherstellen will, daß nichts vergessen wird. Wichtig: Die Stichwörter müssen »leben«, sprich, so typisch oder aussagekräftig sein, daß ein Blick auf die Vorlage genügt, um zu wissen, worum es geht. Für Profis ist dieses »rote Band« meistens ausreichend, Anfänger sollten aber lieber auf eine andere Methode setzen.

Headline-Blatt: Auf einem Blatt werden nur die Überschriften der einzelnen Kapitel der Rede fixiert. Der Rest ist entweder Routine des Vortragenden, oder er hat ein ausformuliertes Manuskript so einstudiert, daß ihm die Überschriften reichen, um sich an den Rest zu erinnern. Eine Methode für geübte und fleißige Redner.

Mind-Map: Mit einer solchen Gedankenlandkarte wird der Inhalt auch der umfassendsten Rede auf einem Blatt zusammengefaßt. Dies geschieht in Form eines Baumes: Im Hauptstamm steht das Thema, Seitenäste beschreiben dann die Überschriften der einzelnen Kapitel, und zahlreiche Zweige ergänzen die Stichworte zu jedem Kapitel. Eine gute Methode für alle, die auch sonst viel mit Mind-Maps arbeiten und die ein visuelles Gedächtnis haben. Mind-Mapping kann leicht erlernt werden, es gibt dazu eine ganze Reihe von Büchern.

Ausformuliertes Manuskript: Dies ist die sicherste Stütze für einen Redeneuling oder für jemanden, dem andere die Reden vorbereiten. Der Redetext wird von der Eröffnung bis zum Schluß aufgeschrieben. Dann wird er so oft gelesen, bis der Blick auf den Anfang des Satzes genügt, um die Augen vom Text zu heben und den Rest frei zu sprechen. Die Gefahr des ausformulierten Manuskripts: Daß der Redner am Text »hängenbleibt«, sich nicht traut, sich von den Buchstaben zu lösen und dadurch den Kontakt zum Publikum verliert.

Mut-mach-Übung: Lesen Sie Ihr ausformuliertes Manuskript einige Male durch. Legen Sie es dann zur Seite und schreiben Sie aus der Erinnerung die Überschriften auf, an die Sie sich erinnern. Vergleichen Sie dann diese Headlines mit dem Manuskript. Wiederholen Sie diese Übung einige Male. Sie werden am Schluß in der Lage sein, Ihre Ausführungen frei vorzutragen.

Noch ein Tip: Einstieg und Schluß Ihrer Rede sollten Sie auf jeden Fall ausformulieren, egal für welche Manuskriptform Sie sich entscheiden. Das gleiche gilt für Zitate oder Zahlen, die genau zitiert werden müssen. Oder für einzelne Sätze, die sich die Zuhörer/innen auf der Zunge zergehen lassen sollen. Gut, wenn Sie zum Zeitpunkt Ihrer Rede diese Passagen auswendig können, aber es gibt Sicherheit, diese Highlights Ihrer Rede schriftlich vor sich zu haben.

Die häufigsten Fehler

Zusammen mit Antje Felscher habe ich für dieses Buch einmal die häufigsten Fehler zusammengetragen, die wir bei Rednern beobachtet haben:

- Manche Redner/innen verlieben sich so sehr in ihr Thema, daß sie sich in ihren eigenen Ausführungen verstricken. Sie würden sich am liebsten am Schluß noch selbst applaudieren.
- Manche Redner/innen sehen aus Angst das Auditorium als schwarze bedrohliche Masse, nicht mehr als einzelne Menschen, die sie erreichen wollen und können.
- Manche Redner/innen kontrollieren nicht, wie das Publikum auf ihren Vortrag reagiert, sondern ziehen einfach ihr Programm durch. Das heißt, sie merken nicht, ob ihre Zuhörer/innen bereits sanft entschlafen sind oder vielleicht im Gegenteil über ihre Ausführungen wutentbrannt mit den Füßen scharren.
- Manche Redner/innen theoretisieren zu stark, reihen Floskel an Floskel aneinander und langweilen ihr Auditorium zu Tode.
- Manche Redner/innen haben einfach unfähige Redenschreiber. Sie lesen brav ab, merken aber gar nicht, wie hohl das Ganze ist.
- Manche Redner/innen reden ihrem Publikum nach dem Mund, verlieren dabei aber jegliche Glaubwürdigkeit.
- Manche Redner/innen halten Vorträge nur des Prestiges wegen. Aber im Grunde interessiert niemanden, was sie sagen.
- Manche Redner/innen verlassen sich auf die Reden-

bücher, die es zu kaufen gibt. Diese vorgestanzten Reden sind nur peinlich.

- Manche Redner/innen meinen, sie müßten ihre Bildung mit möglichst vielen Zitaten von alten Römern beweisen, möglichst noch ohne Übersetzung. Das zeigt nur Dünkel und penetrante Minderwertigkeitskomplexe.
- Manche Redner/innen versuchen, ihre Zuhörer mit Zahlen zu überschütten, die diese natürlich nicht nachvollziehen können. Eine dumme Einschüchterungsmethode, die von Unsicherheit und der Hohlheit der Ausführungen ablenken soll.
- Manche Redner/innen ziehen sich im Dunkeln hinter ihre Folien oder Dias zurück. Das gibt ihnen Sicherheit, sie bemerken aber nicht, wie ihre Zuhörer/innen abschalten.
- Manche Redner/innen glauben, sie müssen absolut perfekt sein. Leider geht dabei ihre Spontaneität und jedes Feuer verloren.
- Manche Redner/innen glauben, sie müßten ihren Vortrag genauso halten, wie sie es im Rhetorikkurs gelernt haben. Aber fremdgeschneiderte Kostüme sitzen meistens schlecht.
- Manche Redner/innen meinen, Information und Unterhaltung schließen sich aus. Genauso dröge werden ihre Vorträge.
- Manche Redner/innen haben einfach keinen Humor.

Rede und Widerhall

Lernen Sie die Überzeugungssprache

Natürlich möchten wir, daß unser Publikum uns respektiert. Das heißt: uns aufmerksam zuhört, in gewünschter Weise reagiert, uns achtet und bewundert. Vielleicht soll es unsere Produkte kaufen, uns wählen, uns Aufträge verschaffen, Forschungsgelder bewilligen oder was sonst an Motivation hinter einem öffentlichen Auftritt steckt. Alle Redner wünschen sich das. Doch die wenigsten tun genug dafür. Sie sind bestrebt, die undankbare Aufgabe so schnell wie möglich hinter sich zu bringen. Diese Redner sind dann enttäuscht, wenn die erträumte Reaktion nicht erfolgt. »Dabei habe ich mir doch wirklich alle Mühe gegeben. Die Zuhörer waren wirklich zu doof.«

Es reicht nicht, ein Ziel nur herbeizusehnen und zu hoffen, daß die anderen schon richtig reagieren werden. Wenn ein Publikum und ein Redner aufeinanderprallen und nichts miteinander anfangen können, dann muß nicht das Publikum daran schuld sein! Es kann sein, daß der Redner oder die Rednerin ihr Publikum einfach nicht erreicht hat. Deshalb mein Rat: Verlassen Sie sich nie auf Ihr Glück, sondern immer nur auf Ihr Können.

Eine Rede muß inhaltlich sorgfältig vorbereitet sein, um sie rational und emotional auf das Publikum einzustellen. Denn: So sachlich die Inhalte eines Vortrags sein mögen, immer – ja, wirklich immer – spielen auch Gefühle eine Rolle. Das heißt, Sie können mit emotionalen Schwingungen Zuhörer erreichen und mit ins Boot nehmen. Fehlende Emotionalität kann aber genau das Gegenteil erreichen: Der Rede fehlt die Überzeugungskraft.

Ein Beispiel:

Kürzlich traf sich mein Abiturjahrgang 1972 zu einem feierlichen Fest des »silbernen Abiturs«. Ich traf dabei erstmals nach 25 Jahren einen Jungen aus meiner alten Clique wieder. Michael ist inzwischen Direktor eines astrophysikalischen Instituts in Boulder, USA. Natürlich mußte er immer wieder erklären, was er in diesem Institut erforscht. Und er tat das mit einer solchen Begeisterung in seiner Stimme, mit einer so bildhaften Beschreibung, daß wir Zuhörer ihm regelrecht an den Lippen hingen und ich mir an diesem Abend nichts Schöneres vorstellen konnte, als in den Bergen von Colorado zu sitzen, die Einflüsse der Sonnenenergie auf die Erdatmosphäre zu untersuchen – und damit die Menschheit zu retten.

Was ich damit unterstreichen möchte: Gerade sachliche Themen, von der Einführung des neuen Bodenstaubsaugers bis zu den »Auswirkungen der Steuerreform auf die Abfindungsverhandlungen führender Mitarbeiter«, leben von der emotionalen Beteiligung des Redenden.

Der bekannte Verkaufstrainer Helmut Seßler behauptet, daß heute Entscheidungen in der Wirtschaft zu 90 Prozent emotional getroffen werden. Wenn ein Einkäufer fünf ähnliche Angebote hat, entscheidet er sich für das Angebot des Lieferanten, der ihm am sympathischsten ist. Ich glaube das sofort. Seßler nennt diesen Vorgang »Beziehungsmanagement«.

Wie schaffe ich es aber nun, ein solches Beziehungsmanagement für meine Rede zu nutzen? Die emotionale Unterstützung für meine Rede zu erzeugen? Dies gelingt durch drei grundlegende Einstellungen: meine Einstellung zum Publikum, meine Einstellung mir selbst als Redner gegenüber und meine Einstellung zu meinem Thema.

Was immer Sie von Ihrem Publikum erwarten – es wird genauso reagieren. Denn ein Publikum ist nicht von vorneherein festgelegt, es ist so in unserer Wahrnehmung, und die wird bestimmt durch unsere Erfahrungen, unsere Erwartungen und unsere Ängste. Sind wir beispielsweise überzeugt, daß wir freundlich und interessiert empfangen werden, strahlen wir diese Erwartung aus – und erzeugen allein dadurch schon Sympathie. Fürchten wir uns aber vor dem Auditorium, erwarten wir gar feindliche Ablehnung, strahlen wir auch diese Erwartung aus und schaffen dadurch Blockaden.

Das fatale an den negativen »Selffulfilling Prophecies«: Sie bestärken uns in Vorurteilen – schließlich ist ja genau das eingetreten, was wir vorausgesehen haben ...

Dies gilt erst recht für den Fall, daß Redner/innen das Publikum verachten, vor dem sie sprechen. Die Bedeutung liegt dabei auf dem »vor«. Wenn sie zu ihm sprechen würden oder gar mit ihm, hieße das ja, sich auf eine Stufe mit den Zuhörern zu stellen. Und das liegt nun wirklich unter ihrer Würde. Ich habe solche Arroganz bei Rednern schon erlebt und werde jedesmal ziemlich wütend. Ich finde, ein Redner sollte sich klarmachen, daß es ihn ohne sein Publikum gar nicht gäbe. Oder er sollte die Rede besser absagen!

Antje Felscher hält es »für den größten Fehler«, wenn Redner/innen ihr Publikum unterschätzen, wenn sie es »für dümmer halten als es ist«. Denn, so die Ghostwriterin: »Viele Redner unterschätzen, wieviel Kompetenz im Publikum versammelt ist. Sie reden von oben herab und nutzen die Anregungen nicht, die ja auch vom Publikum zurückkommen. Sie ziehen ihren Stiefel durch und kontrollieren während der Rede nicht, wie das Publikum reagiert.«

Natürlich kann der Fall eintreten, daß wir uns im Publikum geirrt haben: Weil wir uns vorher nicht über die Zusammensetzung des Plenums kundig gemacht haben oder weil wir vom Veranstalter falsch informiert wurden. Wir erwarten lauter Fachleute, wundern uns über die fehlende Reaktion und stellen hinterher fest, daß wir es überwiegend mit Laien zu tun hatten. Oder umgekehrt. Vielleicht sind wir auch falsch angekündigt worden, weil dem Veranstalter unser Redethema zu langweilig erschien, und er glaubte, das Thema etwas aufpeppen zu müssen. Und weil deshalb Menschen mit völlig falschen Erwartungen im Saal sitzen.

Um Mißverständnisse zu vermeiden, sollten Sie mit den Veranstaltern unbedingt vorher absprechen, wie Sie vor Ihrem Vortrag angekündigt werden möchten. Diese kurze Präsentation ist schließlich Ihre Visitenkarte. Und nichts ist ärgerlicher, als die ersten Sätze einer Rede als Dementi benutzen zu müssen, etwa: »Also, ich bin keine Psychologin, habe auch keinen Doktortitel und wohne in München, nicht in Hamburg.«

Geben Sie der Person, die Sie ankündigen wird, die kurze Vita, mit der Sie vorgestellt werden möchten, in die Hand, zum Beispiel: »Sabine Asgodom leitet seit vielen Jahren das Ressort Karriere und Multimedia der Zeitschrift Cosmopolitan in München. Und zwar mit einer Viertagewoche. Das läßt ihr Zeit für ihre anderen Tätigkeiten als erfolgreiche Buchautorin und Managementtrainerin. Unter anderem hat sie eine Selbst-PR-

Methode entwickelt, mit deren Hilfe sich Menschen besser präsentieren können. Ihr heutiges Thema hat mit ihrem neuen Bestseller zu tun: ›Reden ist Gold‹.«

Trotzdem kann es natürlich passieren, daß einigen Leuten aus dem Publikum Ihre Nase nicht paßt. Ich selbst habe lernen müssen, mich von dem Anspruch zu lösen, *alle* Menschen gleich gut zu erreichen, zu überzeugen und zu meinen Freunden machen zu können.

Sie kennen vielleicht dieses Kugelspiel, das in vielen Büros steht: An dünnen Fäden sind sechs silberfarbene Kugeln aufgehängt. Nimmt man die erste hoch und läßt sie dann gegen die anderen klicken, bleiben die vier mittleren ungerührt, nur die letzte klickt weg. Das heißt aber nicht, daß die Energie nicht auch durch die mittleren fließt, aber sie erzeugt andere physikalische Reaktionen, als wir erwartet haben.

Genauso stelle ich mir die Energie vor, die wir in eine Rede investieren: Wir erreichen damit nicht immer alle Zuhörer/innen. An einigen prallt unser Energie ab, weil sie gerade abgelenkt sind, ihren Sorgen nachhängen oder vom Urlaub träumen; weil sie mit falschen Erwartungen gekommen sind oder nur aus Pflichtgefühl im Plenum sitzen. Weil sie sich auf ihren eigenen Auftritt vorbereiten oder lieber mit der interessanten Nachbarin anbändeln möchten. Dies beruhigt auf der einen Seite. Andererseits sollten wir ruhig den Ehrgeiz haben, möglichst viele Zuhörer zu erreichen, also möglichst viel »klicken« zu lassen.

Um Ihre Energie möglichst gut zu nutzen, sollten Sie sich bemühen, Ihr Publikum so gut wie möglich kennenzulernen, um seine Sprache zu sprechen.

Ich möchte Sie eindringlich ermutigen! Erst wenn Sie neben Ihrer klaren Botschaft auch noch die Übersetzung beherrschen, dann sind Sie ein Meister/eine Meisterin.

Dann schaffen Sie es, auf eine »Wellenlänge« mit Ihren Zuhörer/innen zu kommen. Dann schaffen Sie es, Ihr Publikum zu »spiegeln«. Darunter verstehe ich, den Inhalt einer Rede auf die Erfahrungen und das Leben der Zuhörer/innen einzustellen und dadurch »begreifbar« zu machen.

Das gilt für den sachlichen Vortrag, aber viel mehr noch für die »Überzeugungsrede«, also einer Rede, mit der ich etwas bewirken möchte, in der ich das Denken und Verhalten meines Publikums beeinflussen möchte: wenn ich mich als Kandidatin für ein Amt bewerbe, bei einer Präsentation neuer Tupperware oder eines 100-Millionen-Werbeetats, bei der Eröffnung eines Autohauses oder einer Kunstausstellung.

Die Annäherung an mein Publikum beginnt mit einer Checkliste. Dazu brauche ich ein Blatt Papier, auf dem ich notiere:

- Was für Menschen werde ich vor mir haben?
- Welchen Background haben sie?
- Und welches Interesse an meinem Thema?

Wenn ich diese Fragen selbst nicht beantworten kann, dann sollte ich die Veranstalter fragen oder potentielle Zuhörer selbst: Was interessiert euch, was wißt ihr von diesem Thema?

Auf einer zweiten Checkliste kann ich dann das Ziel meiner Rede möglichst genau definieren:

- Wie soll das Publikum auf meine Rede reagieren?
- Was soll es über das Thema denken?
- Wie soll es hinterher handeln?

Erinnern Sie sich an das Kapitel »Am Anfang steht die

Botschaft«? Dabei geht es wieder um Ihre Motivation (oder die Ihrer Auftraggeber). Um ein klares Bild davon zu bekommen, hilft vielleicht eine Visualisierungsübung: Stellen Sie sich eine Zielperson vor, die in Ihrem Publikum sitzt. Was sollte sie hinterher ihren Freunden über Ihre Rede sagen, welches Gefühl sollte sie äußern? Formulieren Sie daraus einen Satz. Ich habe die Erfahrung gemacht, daß dieser Satz ganz oft zum »roten Faden« für meine Rede wird.

Dann checke ich die einzelnen Redeabschnitte auf mein Ziel hin ab: Führt dieser Gedankengang zum gewünschten Ergebnis? Oder lenkt er ab, verwirrt er? Erzeugt er vielleicht Reaktionen, die kontraproduktiv sind?

Außerdem muß ich wissen, daß ich niemals alle Menschen gleich beeindrucken kann. Stellen Sie sich vor, Sie gehen mit drei Freunden/Freundinnen ins Kino und sehen einen hochgelobten Film, beispielsweise »Der englische Patient«. Selbst wenn alle vier begeistert sind, wird höchstwahrscheinlich jede/r etwas anderes besonders hervorheben: »Also, als der Mann die Frau während des Sandsturms berührt hat, da ging es mir durch und durch.« »Ganz im Gegenteil! Diese Tuschzeichnung, diese klaren Linien, für mich steckt darin das ganze Geheimnis dieses Films.« Höchstwahrscheinlich wird auch jeder Zuhörer, jede Zuhörerin etwas anderes aus Ihrer Rede mitnehmen. Die einen beschäftigt vielleicht eine Untersuchung, die Sie zitiert haben; die anderen schwärmen von Ihrer Präsenz; dritte lachen noch Tage später über ein witziges Beispiel, das Sie gebracht haben. Ihr Ziel kann immer nur sein: Möglichst viele Menschen mit Ihrer Rede zu erreichen.

Genau wie der Satz gilt, wenn Sie Ihr Publikum nicht mögen, werden Sie eine schlechte Rede halten, so gilt der Umkehrschluß: Wenn Sie sich selbst als Redner/in nicht mögen, werden Sie auch Ihr Publikum nicht mögen. Und es wird dies merken. Und noch mal der dringende Rat: Folgen Sie Ihrem Redetypus. Wenn Sie kein »Großmaul« sind und die leisen Töne lieben, benutzen Sie diese Gabe. Wenn Sie der Theorie nicht viel abgewinnen können, bringen Sie praktische Beispiele. Seien Sie Pferd oder Affe, Löwe oder Katze, Schlange oder Delphin. Es gibt kein »gut« oder »schlecht«, es gibt nur ein anders.

Das heißt nicht, daß Sie nicht auch noch dazulernen können. Sie sind wie Sie sind, trotzdem sollten Sie den Ehrgeiz haben, sich zu entwickeln und auf den Rat anderer zu hören.

Ein warnendes Beispiel erlebte ich vor kurzem auf einer Pressekonferenz. Eigentlich ging ich vor allem dorthin, weil ich den Geschäftsführer der Firma als geistreichen, witzigen und charmanten Redner kennengelernt hatte, und ich freute mich schon auf seinen Vortrag. Und wurde arg enttäuscht. Ich erlebte eine langweilige Overheadpräsentation, die sich ewig hinzog. Mein Redenritter präsentierte sich als fader Ableser. Im anschließenden Gespräch mit einer Frau von der betreuenden PR-Agentur hörte ich den Satz: »Ich habe ihm geraten, die Präsentation zu kürzen. Aber das war wohl umsonst.« Jemand, der exzellente freie Reden halten kann, hatte sich im Präsentationsdschungel verirrt. Tarzan hat sich verlaufen, weil er nicht auf Jane hören wollte.

Die Asgodom-Methode für den gelungenen Auftritt

In meinem Buch »Eigenlob stimmt« habe ich die fünf Grundlagen für gute Selbst-PR beschrieben: Ziel, Stärkenprofil, Zielgruppe, Thema, Bühne. Diese Methode eignet sich aber auch wunderbar dazu, ein guter Redner, eine gute Rednerin zu werden.

Hier in Kurzfassung die Asgodom-Methode für den gelungenen Auftritt:

1. Ihr Ziel:

Legen Sie es schriftlich für sich fest: Warum halten Sie diese Rede? Was wollen Sie damit erreichen? Behalten Sie dieses Ziel bei allen weiteren Vorbereitungsschritten im Auge.

2. Ihr Stärkenprofil:

Analysieren Sie, was Sie besonders gut können. Welcher Redetypus sind Sie? Wie sprechen Sie Menschen am besten an? Im Marketing nennt man ein solches Stärkenprofil Unique Selling Proposition (USP). Meine Empfehlung: Holen Sie sich Feedback zu Ihrem Rede-USP, und achten Sie auf Feedback, das Ihnen gegeben wird. Wo liegen Ihre Stärken, wovon sollten Sie lieber die Finger lassen?

3. Ihre Zielgruppe:

Wer ist Ihr Publikum? Welche Grundlage finden Sie vor? Welche Erwartungen? Welche Sprache versteht es?

4. Ihr Thema:

Womit wollen Sie sich profilieren? Sie können sich dabei durchaus auf einen Redegrundstock stützen, Ihre Forschung oder Ihre Methode, Ihr Produkt oder Ihr Serviceangebot, Ihr Programm oder Ihre Forderungen. Dazu sollten aktuelle Ergänzungen je nach Redeanlaß und Publikum den Goldschimmer liefern.

5. Ihre Bühne:

Nutzen Sie Raum und Gelegenheit, die Ihnen mit Ihrem Vortrag, Ihrer Rede oder Präsentation gegeben wird, optimal aus. Inszenieren Sie Ihren Auftritt, vom ersten Schritt zum Podium bis zum Entgegennehmen des Applauses.

Diese Methode kann Ihnen helfen, sich sehr sorgfältig auf eine Rede vorzubereiten. Aber bitte denken Sie immer daran: Sie müssen nicht perfekt sein! Im Gegenteil: Fehler machen Sie sympathisch! Je perfekter sich ein Redner gibt, desto weiter stellt er sich über das Publikum: »Schaut auf zu mir, ich bin ein funkelnder Stern.« Doch Sterne sind sehr weit weg von uns, und wenn wir zu ihnen aufschauen, fühlen wir uns ganz klein und bedeutungslos. Möchten Sie, daß Ihr Publikum sich so fühlt?

Dagegen können Versprecher der Höhepunkt einer Rede sein. Sie können ein befreiendes Lachen erzeugen – wenn Sie selbst mitlachen können. So einen Versprecher können Sie ganz bewußt benutzen, um Distanz abzubauen. In meinem Seminar habe ich mal aus Versehen statt USP UPS gesagt (Sie wissen schon, dieser Postdienst mit den braunen Autos). Ich erntete einen Lacher. Und benutze diesen kleinen »Fauxpas« heute manchmal, um zu zeigen: »Schaut, hier vorne steht nicht die große Besserwisserin, sondern eine ganz normale Frau. Ich darf Fehler machen, ihr dürft Fehler machen.«

Den gleichen Effekt erzielen Sie, wenn Sie sich helfen lassen, indem Sie während der Rede eine rhetorische Frage stellen: »Wie heißt noch mal diese moderne Raubrittermethode, die derzeit in Bonn Blüte treibt? (Pause) Ach ja, Steuerreform . . .«

Es gibt zu diesem Thema, nicht perfekt sein zu müssen (und zu wollen), eine wunderbare Anekdote: Eine

80

amerikanische Schuldirektorin möchte bei der Entlassungsfeier ihrer Schüler/innen die Abschlußrede halten. Als sie die Stufen zum Podium hinaufsteigt, fällt sie hin. Alle sind peinlich berührt und halten die Luft an. Als sie endlich am Podium steht, sagt sie: »Gerade habe ich euch, liebe Schüler und Schülerinnen, ein Beispiel gezeigt, das ihr für euer Leben beherzigen solltet: Man darf hinfallen, aber man muß immer wieder aufstehen.«

Dies gilt auch für Sie, liebe Leserinnen und Leser: Sie dürfen während Ihrer Rede durchaus Fehler machen, das ist menschlich! Begreifen Sie solche Fehler wirklich als die Möglichkeit, sich – neben Ihrer Sachkunde – als Mensch zu zeigen. Und nützen Sie diese Situationen unverkrampft, um mit den anderen Menschen im Raum positive Verbindung herzustellen. Natürlich sollten Sie sich dabei nicht nur auf Fehler verlassen. Es gibt schon noch ein paar andere Wege, wie Sie solche »Sympathiebrücken« zu Ihren Zuhörer/innen bauen können. Lassen Sie mich ein paar dieser Brücken beleuchten.

Sympathiebrücke Blickkontakt

Blickkontakt ist die tragbarste Brücke zu Ihrem Publikum. Er transportiert Ihre Botschaft, Ihre Ausstrahlung und das Feedback Ihrer Zuhörer/innen. Diese Verbindung kann natürlich niemand bauen, der seine Rede stur abliest, die Augen fest auf die Manuskriptseiten gerichtet. Manche dieser Betonredner wissen das, und sehen ganz nach ihren Rhetorikkursregeln zwischen zwei Absätzen brav mit leerem Blick über die Zuhörer hinweg. Aber so werden sie niemals Kontakt herstellen!

Vor kurzem las ich in »Flüchten oder Standhalten«, wie der Gießener Psychoanalytiker Horst Eberhard Richter sehr eindrucksvoll die Folgen von Isolation beschreibt. Reaktionen auf Isolation laufen in drei Phasen ab: Protest, Depression und Anpassung.

Es ist vielleicht eine kühne Übertragung, aber ich glaube, daß diese Folgen auch für ein Publikum gelten können, das sich von einem Redner, von einer Rednerin isoliert fühlt. Ich erinnere mich an eine solche Situation als Zuhörerin: Präsentation einer neuen Busineßsoftware durch den größten Softwarehersteller der Welt, Microsoft.

Es sind viel zuwenig Stühle aufgestellt. Ich muß, wie hundert andere Gäste, an den Wänden des abgedunkelten Studios stehen. Die Präsentation beginnt mit mehreren Reden, niemand geht auf die unkomfortable Situation der Zuhörer/innen ein. Niemand nimmt wirklich Kontakt zum Publikum auf. Dann wird das Programm mehr als eine Stunde lang wie geplant durchgezogen. Mein Verhalten: Erste Phase: Protest. Ich bin wirklich sauer, maule halblaut vor mich hin: »Ist doch unmöglich!«, nehme Kontakt mit den anderen »Stehern« auf, schätze ab, ob die anderen bereit sind, mit zu revoluzzen nach dem Motto: »Stühle her oder wir gehen.« Resonanz unbefriedigend, einige murren zwar, einige wenige gehen. Ich erspähe vier Reihen vor mir einen leeren Platz, sitze wenigstens endlich. Zweite Phase: Depression. Ich sinke auf dem schmalen Stühlchen in mich zusammen. Die Präsentation ist grausig. Mein Gott, wie lange dauert das denn noch? Dritte Phase: Anpassung. Ich zwinge mich, dem unspannenden Spiel auf der Bühne zu folgen, blättere in meinen Presseunterlagen, mache mir ein paar Notizen. Und für hinterher ist ja schließlich noch ein Fest versprochen, mit Buffet und Live-Musik. (Das ist wohl auch der Grund, warum wir alle so lange ausharren!)

Auch wenn ich nicht geflüchtet bin, mein Eindruck der

großen Firma Microsoft hat an diesem Abend einen Knacks bekommen. Wie kann ein Unternehmen, das auf Kommunikation setzt, selbst so unkommunikativ sein? Entspricht die Ignoranz den Gästen gegenüber vielleicht sogar allgemein einer ignoranten Haltung Kunden gegenüber?

Zurück von unserem schlechten Beispiel zu einer geschickteren Vorgehensweise, mit der Sie sich Ihre Zuhörer/innen zu Freunden machen können: Egal, ob Sie nach einem Stichwort- oder nach einem ausgearbeiteten Manuskript vorgehen, Sie müssen Augenkontakt mit Ihrem Publikum halten. Das heißt, schauen Sie, während Sie reden, abwechselnd einige Personen an. Im Hinterkopf sollten Sie die Überzeugung haben: »Diese Personen sind für heute die wichtigsten Menschen auf der Welt für mich. Nur für sie habe ich diese Rede erarbeitet, um ihre Meinung bemühe ich mich hier.«

In Rhetorikkursen wird gern der Tip gegeben, sich einen Freund oder eine Freundin ins Publikum zu setzen, die dann bestätigend nicken können, um dem Redner Mut zu machen. Ist sicher eine Möglichkeit, anfängliche Scheu zu überwinden. Es wird nur schwierig, wenn unser Auftritt in einer fremden Stadt ist, nicht jeder kann so einen Nickfreund mit einfliegen lassen.

Vielleicht hilft Ihnen dieser Tip schon eher weiter: Ich versuche, vor jedem Auftritt einige Leute kennenzulernen. Bei meinen eigenen Seminaren zum Beispiel bin ich eine halbe Stunde vor Beginn mit meinen Vorbereitungen fertig und habe Zeit, jede einzelne Teilnehmerin mit Handschlag zu begrüßen, sie anzulächeln und sie nach ihrem Namen zu fragen. Meistens haben wir schon vor Beginn des Seminars einmal miteinander gelacht.

Bei Vorträgen auf Kongressen oder Versammlungen bin ich möglichst schon ein, zwei Stunden vor meinem

Auftritt vor Ort. Ich schnuppere die Atmosphäre, wie zufrieden sind die Teilnehmer/innen, oder liegt Streß in der Luft? Kaffeepausen nutze ich, um mich mit einzelnen Teilnehmer/innen zu unterhalten, Fragen zu stellen, mehr über den Verlauf des Kongresses zu erfahren. Diese bekannten Gesichter kann ich dann schon anlächeln, wenn ich sie im Publikum wiedererkenne. Dieses Wiedererkennungslächeln strahlt dann auch auf die daneben Sitzenden ab. Der Kreis guter Bekannter wächst.

Kennen Sie den Satz »Der kürzeste Weg zwischen zwei Menschen ist ein Lächeln«? Er stimmt. Ich kann Ihnen nur empfehlen: Nutzen sie ihn! Menschen haben in der Regel viel zuwenig Gelegenheit zum Lachen. Schaffen Sie solche raren Momente, schaffen Sie eine angenehme Atmosphäre. Und denken Sie an das chinesische Sprichwort: »Wer nicht lächeln kann, sollte keinen Laden aufmachen.«

Während Ihres Vortrags sollten Sie den Blick schweifen lassen und nicht immer nur eine Person ansehen. Denn erstens fällt das auf, und die anderen recken die Hälse, »wo schaut er/sie denn immer hin?« Und zum zweiten kann es die fixierte Person völlig verunsichern, wenn Sie ausschließlich sie anschauen. Nach einem Vortrag vor Unternehmerinnen kam eine Frau auf mich zu und fragte mich: »Meinen Sie, ich habe eine bessere Selbst-PR ganz besonders nötig?« Ich schüttelte verwundert den Kopf. Ihre Erklärung: »Weil Sie immer mich so angeschaut haben.« Erst dann wurde mir bewußt, daß ich sie tatsächlich überdurchschnittlich oft angesehen hatte. Zu Beginn des Vortrags hatte sie öfter mit ihrer Nachbarin geflüstert, und ich hatte das Gefühl, ich muß mich besonders um ihre Aufmerksamkeit bemühen.

Beim Blick ins Publikum an einer einzelnen Person

hängenzubleiben, um zu sehen, wie sie reagiert, kann bestärkend sein, wenn diese freundlich nickt. Wird aber gefährlich, wenn die Zielperson plötzlich aus dem Fenster sieht oder die Stirn in Falten legt – weil diese Gesten den Redner völlig aus dem Konzept bringen können.

Ich bin am Anfang meiner Seminartätigkeit, als ich noch sehr unsicher war, einmal in diese Falle getappt. Bei der Vorstellungsrunde stellte sich heraus, daß sich unter den Teilnehmerinnen eine Psychologin befand. Ich bekam Angst: Wie würde sie mich beurteilen? Wo ich doch keine psychologische Vorbildung nachweisen kann?

Ich beobachtete diese Frau mit Argusaugen. Und als ich bemerkte, wie sie sich immer mehr zurückzog, schließlich nur noch mit verschränkten Armen dem Seminar folgte, geriet ich langsam in Panik. Mein einziger Gedanke: Die beobachtet mich, und heute abend in der Feedbackrunde wird sie mich zerfleischen.

Und dann war es soweit: Die Psychologin kam an die Reihe zu sagen, wie sie sich gefühlt hatte und was sie aus dem Seminar mitnähme. Sie räusperte sich, überlegte und sagte dann: »Ich muß mich entschuldigen. Ich habe mich nicht sehr intensiv an den Diskussionen beteiligt. Aber mit den einzelnen Übungen haben Sie, liebe Frau Asgodom, in mir soviel ausgelöst, daß ich über ganz viele Dinge nachdenken mußte. Ich danke Ihnen dafür.« Puh, und dafür hatte ich mir den ganzen Tag zur Hölle gemacht.

Ich bin seither mit der Deutung von Körpersprache wesentlich vorsichtiger geworden. Zu den bekannten »Regeln« gibt es meist eine alternative Auslegung. Doch dazu später im Kapitel über Körpersprache mehr.

Mein Tip: Machen Sie sich während Ihres Vortrags nicht von einer einzigen Testperson abhängig. Versuchen Sie lieber, einen allgemeinen Überblick zu bekommen, ob Ihre Zuhörer/innen noch bei Ihnen sind.

Woran erkennen Sie das? An den Augen: Sind sie auf den Redner, die Rednerin gerichtet, oder blicken die Menschen mit leicht glasigem Blick vor sich hin? An der Körpersprache: Sind die Köpfe Ihnen zugewendet, zeigen sie in Richtung Fenster oder liegen sie gar auf der Brust? Zupfen die Zuhörer Flusen vom Revers, ordnen sie ihre Unterlagen oder lesen sie Zeitung? »Erschnuppern« Sie die Atmosphäre während Ihrer Rede: Sprechen Sie die richtige Sprache? Oder entfernen Sie sich von Ihrem Publikum?

Wenn Sie das rechtzeitig erkennen, haben Sie noch die Chance umzukehren! Sprechen Sie Ihre Zuhörer/innen einmal direkt an: »Sehr geehrte Damen und Herren ...«, greifen Sie die Stimmung auf – sei sie träge oder aufgebracht – und »holen« Sie Ihre Leute zu sich zurück.

Sympathiebrücke Mitdenken

Bitte vergessen Sie nie: Sie sind Ihren Zuhörern mit Ihrem Thema immer einen Atemzug voraus. Sie haben den Auftrag für diese Rede schließlich schon vor einiger Zeit erhalten, haben sich mit den Inhalten auseinandergesetzt, recherchiert und Ihre Sätze ausprobiert. Sie wissen, was Sie sagen. Die anderen müssen Ihre Sätze erst »empfangen«.

Wenn Sie also wollen, daß Sie nicht nur gehört, sondern auch verstanden werden, dann sprechen Sie langsam. Jetzt liegt es an dieser Fähigkeit, ob Ihnen Ihre Zuhörer/innen auf Ihrem Argumentationspfad folgen können. Diesen Service für Ihr Publikum können Sie mit angenehmen Denkpausen für sich selbst verbinden. Denn: Das Denken ist wichtiger als das Reden.

Am Anfang war das Wort – bei einer guten Rede sollte aber am Anfang ein guter Gedanke stehen. Wenn wir diesen klar gedacht haben, dann kommt er in der Regel auch als klarer Satz heraus. Ins Stottern geraten wir nämlich nur dann, wenn wir nicht genau wissen, was wir sagen wollen.

Trainieren Sie also, im voraus zu denken. Das Muster ist wirklich einfach: Sie fassen einen Gedanken – sprechen ihn aus – geben Ihren Zuhörer/innen Zeit zum Verstehen – denken in dieser Zeit Ihren nächsten Gedanken – sprechen ihn aus – und so weiter. Und so ganz nebenbei können Sie per Blickkontakt feststellen, ob Ihr Gedanke bei den Zuhörer/innen »angekommen« ist.

Keine Angst, das wird keine Vorstellung aus den Kindertagen des Tonfilms. Dieser ganze Vorgang läuft ja in wenigen Sekunden ab. Was Sie aber bestimmt damit erreichen werden, ist eine größere Klarheit und Struktur.

Sympathiebrücke Gefühle

Sie kennen vielleicht die Begriffe »Berichtssprache« und »Beziehungssprache«. Der erste Begriff steht für reine Sachlichkeit, der zweite für Gefühle. Der erste wird vereinfachend gern als »männliche« Sprache bezeichnet, der zweite als »weibliche« (Frauen sind ja sooo emotional). Aber genauso wie wir alle männliche *und* weibliche Anteile in uns tragen, genauso gibt es Männer, die gefühlvolle Reden halten können, und Frauen, die bei einem reinen Sachbericht am sichersten sind. Ich behaupte aber: Die besten Redner und Rednerinnen schaffen es, Berichtssprache und Beziehungssprache zu verbinden. Ich habe dafür den Begriff »Überzeugungssprache« erfunden.

Was zeichnet diese Überzeugungssprache aus? Einmal eine gepflegte Umgangssprache. Vermeiden Sie alle Nullwörter wie »Kommunikationsdesign«, »Entsorgung« oder »Subsidiaritätsmaxime«. Sagen Sie, was ist. Und zwar so, daß Ihre Zuhörer/innen Sie auch verstehen.

Überzeugungssprache beinhaltet aber auch das Denken in Bildern. Das heißt, der Redner/die Rednerin schafft es durch Sprache im Kopf der Zuhörer/innen Bilder entstehen zu lassen. Diese Bilder rufen ein bestimmtes Gefühl hervor und wirken natürlich dadurch erheblich stärker als ein rein sachlicher Bericht. Sie bringen die Zuhörer zum Nach-Denken.

Christiane Weinreich: »Ein öffentlicher Auftritt sollte eine Begegnung sein. Sie wollen doch eine Diskussion anregen, Reaktionen aufgreifen. Dies können Sie aber nur, wenn Sie sich sprachlich auf eine Interessenebene mit Ihren Zuhörern stellen, nicht darüber stehen. Das heißt: Sich auch zeigen durch die Sprache, sich und seine Meinung anschauen lassen. Wenn ich mich aus dem Elfenbeinturm herausbewege, mich sehen lasse, dann wird hinter meinem Gesicht mein Antlitz sichtbar.«

Ich will dies an einem Beispiel verdeutlichen. Stellen Sie sich bitte vor, ich möchte meine Zuhörer/innen auf einer Bürgerversammlung für das Problem des Smogs in meiner Großstadt interessieren und einen Beschluß zur Verkehrsberuhigung anregen. Dazu könnte ich einmal schlicht die Meßergebnisse des letzten Sommers zitieren. Die Zahlen sind eindrucksvoll, ich vergleiche sie mit deutschen, europäischen und amerikanischen Limits. Soweit in Ordnung. Viele Zuhörer/innen werden bedeutungsschwer nicken, ja, da muß etwas getan werden.

Ich könnte aber auch folgende Geschichte erzählen: »Letzte Woche, an diesem heißen Mittwoch, holte ich meine Tochter vom Kindergarten ab. Sie war aggressiv und weinerlich. Es stellte sich heraus, daß die Kinder den ganzen Tag nicht hinaus auf den Spielplatz durften, weil die Kindergartenleiterin es wegen der hohen Smogwerte nicht verantworten konnte. Und meine Tochter fragte mich: ›Mami, warum müssen die Kinder eingesperrt bleiben, aber die Autos, die doch die Luft so dreckig machen, dürfen fahren?‹ Eine Kinderfrage? Nein, eine Frage, die uns alle beschäftigen sollte ...« Jetzt kann ich meine Zahlen bringen und meine Forderungen stellen. Was glauben Sie, welche Version das Herz der Menschen eher erreicht? Welche Version sie eher zum Handeln animieren wird?

Der Rhetoriktrainer Harry Holzheu nennt dieses Vorgehen den »emotionalen Kreis«. Dieser emotionale Kreis wird geschlossen zwischen dem **Redner** mit seinen Gefühlen, seinen Erwartungen, seinen Erfahrungen und seiner Motivation, sowie den **Zuhörern** mit ihren Gefühlen, ihren Erwartungen, ihren Erfahrungen und ihrer Motivation. Wird dieser Kreis geschlossen, dann nehmen die Zuhörer am Denkprozeß des Redners, der Rednerin teil. Sie werden Teil eines dynamischen Prozesses. Und nur so kommt Kommunikation zustande.

Wenn Sie nicht nur den Verstand Ihrer Zuhörer/innen, sondern auch ihr Herz erreichen wollen, sollten Sie bei Ihrer Rede immer die Auswirkungen auf die Menschen beschreiben. Dies gilt auch für höchst sachliche, nüchterne und technische Inhalte. Wenn ein Chef oder eine Chefin auf der Betriebsversammlung Umsatzsteigerungen verkünden kann, wird das die Kolleg/innen erst begeistern, wenn die positiven Auswirkungen davon sichtbar werden, beispielsweise durch einen Satz wie:

»Dadurch ist es uns möglich, die seit langem mit dem Betriebsrat diskutierten Teilzeitmodelle einzuführen.«

Überzeugungssprache beruht darauf, emotionale Bindungen zwischen Redner/in und Zuhörer/innen herzustellen. Und das gelingt am besten, indem Gefühle direkt angesprochen werden. Ein gutes Mittel: die sogenannten Ich-Aussagen. Sagen Sie also ruhig, wie Sie empfinden, worüber Sie sich freuen, auch, was Sie sich erhoffen. Dadurch überbrücken Sie die Distanz und schaffen Sympathie.

Ein kleiner Trick: Argumentieren Sie auf der emotionalen Ebene, dann sagen Sie »Ich«; argumentieren Sie auf der rationellen Ebene, sagen Sie »Wir«. Ein Beispiel: »Ich freue mich sehr, daß ich nach der neunmonatigen Bauzeit nun zusammen mit Ihnen die neuen Geschäftsräume eröffnen kann. Wir werden hier Platz für 24 Mitarbeiter und Mitarbeiterinnen haben und erstmals werden wir auch Platz für zwei Auszubildende bieten können ...«

Überzeugungssprache hat dabei nichts mit »Betroffenheit« zu tun. Im Gegenteil: Je betroffener der Inhalt Ihres Vortrags ist, je bedrückender oder trauriger, um so härter sollte Ihre Stimme sein. Vermeiden Sie jedes Gesäusel!

Nutzen Sie auch bei Reden, die keinem angenehmen Zweck dienen, Reden, in denen Sie unangenehme Wahrheiten oder Entwicklungen erläutern müssen, die positive Wirkung von Ich-Aussagen. Wenn beispielsweise in einem Unternehmen Leute entlassen werden müssen, ist das immer eine schlimme Sache. Wenn Sie schon der Überbringer der Hiobsbotschaft sein müssen, dann haben Sie wenigstens die Wahl: ob Sie die Tatsache eiskalt verkünden oder sachlich begründen und auch Ihre eigenen Gefühle dazu ausdrücken. Warum sollten wir hinter einer Sache stehen, die wir nicht gut finden? Was kostet es uns, zuzugeben, daß wir selbst unglücklich über manche Entwicklungen sind, daß wir aber keine andere Möglichkeit sehen?

Ich habe den Eindruck, daß gerade auf diesem Gebiet viele Manager einen Entwicklungsrückstand haben. Sie glauben, Stärke zeigen zu müssen, um akzeptiert zu werden. Und sie verwechseln dabei Stärke mit Gefühllosigkeit.

Das erinnert mich sehr an die »schwarze Pädagogik«, die bis in dieses Jahrhundert in der Kindererziehung üblich war. Nach dieser Methode wurden Kinder bestraft, gebrochen und geformt, die Eltern wurden angehalten, ihre eigenen Gefühle dabei völlig zurückzudrängen. Inzwischen haben die meisten Eltern begriffen, daß diese Methode keine glücklichen, mutigen und kreativen Menschenkinder hervorbringen kann. Und sie bemühen sich, ihren Kindern notwendige Gebote und Verbote zu erklären, Konsequenzen deutlich zu machen und dabei die eigenen Gefühle nicht zu verdrängen.

Diese »Pädagogik der Menschlichkeit« wird in Zukunft noch stärker als bisher auch zum Anforderungsprofil von Frauen und Männern in Führungspositionen gelten, gleich ob in Wissenschaft, Wirtschaft oder Politik. Die Zeiten des kalten Anordnens sind endgültig vorbei. Empathie, also die Fähigkeit, sich in andere hineinzuversetzen ist gefragt, motivieren und begeistern, überzeugen und führen können.

Dazu gehört die funktionierende Balance von linker und rechter Gehirnhälfte, von Logik und Gefühl: emotionale Intelligenz. Und die äußert sich bei Reden in Überzeugungssprache.

Gerhard Eggetsberger, ein Wiener Wissenschaftler, hält bildhafte Sprache für die typische Eigenschaft von

Charismatikern: »Sie bringen ihren Inhalt – der muß nicht einmal gescheit sein – als Bild rüber.« Und wer in Bildern denkt und redet, schafft es eben leichter, Visionen zu entwickeln und zu vermitteln.

Selbst ein nun nicht gerade mit einem begnadeten Redetalent ausgestatteter Politiker wie Helmut Kohl schaffte es, Bilder in den Köpfen der Wähler in den neuen Bundesländern entstehen zu lassen, indem er ihnen »blühende Landschaften« versprach. Und sie wählten ihn.

Die Kraft des Atems

Zaubermittel
für Energie und Entspannung

Mit welchen Worten beginnen die meisten Reden? »Sehr geehrte...«, »Meine Damen...«, »Ich möchte...« – Nein, nicht ganz. Die meisten Reden beginnen mit: »Hhhhhmm, hhhhmmm...« – oder wie diese Geräusche zum Luftröhrenputzen lauten. Mit dem Räuspern und Knarzen ringen die meisten Redner nicht nur um Aufmerksamkeit, sondern vor allem um Luft. Denn ohne Luft, das heißt ohne den Atem, würden wir kein Wort hervorbringen.

Die Qualität des Atems, die Menge der Luft, die durch unsere Stimmbänder fließt, bestimmt die Klarheit der Töne und die Lautstärke unserer Sprache. Der Atem ist dafür verantwortlich, ob wir röcheln oder röhren, flüstern oder schreien – ja, ob unsere Zuhörer überhaupt ein Wort hören können.

Und mehr als das: Unser Atem ist dafür verantwortlich, wie wir stehen oder gehen – gebeugt oder gerade, verkrampft oder locker; er ist dafür verantwortlich, wie wir auf andere wirken: kraftvoll und überzeugend oder unsicher und schlapp.

Lassen wir uns hängen oder stehen wir völlig verkrampft da, hat das immer auch Auswirkungen darauf, wieviel Luft wir haben – zum Schnaufen und zum Sprechen.

Barbara Lerch, Atempädagogin aus München, sagt: »Wer am Atem arbeitet, der arbeitet an der eigenen Kraft. Der Atem bildet die Verbindungsstelle zwischen Leiblichem und Seelischem. Bei allem seelischen Empfinden ist unser Atem wesentlich beteiligt – wir halten den Atem an, wenn wir uns auf etwas konzentrieren, wenn wir Angst oder Schmerzen haben. Wenn wir wütend oder aufgeregt sind, geht unser Atem schneller.« Das bedeutet aber auch: Wenn wir an unserem Atem arbeiten, stärken wir unsere Wirkung auf uns selbst und auf die anderen.

Ich gebe zu, früher dachte ich, Atem ist Atem – ein unbewußter Vorgang, den man nicht steuern kann. Schließlich kann man ja nicht »nicht atmen«! Und wir atmen ja auch, wenn wir nicht daran denken und sogar wenn wir schlafen.

Inzwischen weiß ich: Beim Sprechen, noch mehr beim Reden vor Publikum, kommt es auf den »richtigen« Atem an. Das habe ich bei Barbara Lerch gelernt. Und auch, daß es manchmal nur zweier Tennisbälle bedarf, um eine gute Rede halten zu können. Doch bis dahin hatte ich bei allen Gelegenheiten, wenn ich öffentlich meine Stimme erhob, tüchtige Atemprobleme. Lassen Sie mich eine typische Situation schildern:

- Ich bin Teilnehmerin auf einem großen Managerinnen-Kongreß. Während einer Diskussion melde ich mich zu Wort. Auf der Rednerliste sind noch drei Frauen vor mir. Schon in dem Augenblick, als ich meine Hand erhebe, spüre ich dieses nervöse Zittern in meinem Allerwertesten, ich kenne dieses Gefühl, und ich hasse es. Es bedeutet die pure Angst.

  Ich merke, wie ich während des Wartens den Atem anhalte, wie sich mein Hals verengt. Als ich endlich zum Saalmikrofon gehe, geht das Zittern auf den ganzen Körper über. Meine Knie zittern, meine Hände. Bevor ich anfangen kann zu sprechen, muß ich mehrmals an dem Kloß in meinem Hals schlucken, doch er geht nicht weg. Mit gepreßter Stimme, ohne einen neuen Atemzug, sage ich ganz schnell die zwei, drei Sätze, die ich loswerden muß. Erst als ich wieder zu meinem Platz zurückgehe, wage ich wieder Luft einzuziehen. Es dauert Minuten, bis ich mich wieder beruhigt habe. Wieder und wieder läuft mein Auftritt wie ein Film in meinem Kopf ab. Ich kann der Diskussion kaum folgen, weil ich so in meiner Angst gefangen bin.

Und das für einen pupsigen Diskussionsbeitrag! Ich war weder als Starrednerin angekündigt, noch habe ich Weltbewegendes oder gar Ketzerisches gesagt. Und trotzdem bin ich für diese zwei, drei Sätze tausend Tode gestorben.

Sie kennen vielleicht selbst dieses Gefühl: Sie stehen auf einem Podium, am Rednerpult, oder Sie erheben sich, um etwas zu sagen. Alle schauen Sie erwartungsvoll an, das Licht ist vielleicht sogar auf Sie gerichtet. Spätestens jetzt kommt die Angst. Ihnen stockt im wahrsten Sinne des Wortes der Atem.

Ein flacher Atem bedeutet aber auch eine flache Stimme: Sie ist leise, brüchig, kraftlos. Da hilft auch kein Räuspern, Sie werden diesen verdammten »Frosch im Hals« nicht los. Finden Sie dann nach und nach Ihre Sicherheit zurück, wird der Atem wieder tiefer, die Stimme festigt sich, und mit der Stimme hebt sich auch die Stimmung. Sie fühlen sich wieder besser – und signalisieren das mit Ihrer Haltung auch nach außen.

Über die Ursachen der Redeangst habe ich ja schon in einem früheren Kapitel geschrieben. Jetzt möchte ich

Ihnen Mut machen, sich der Kraft des Atems zu bedienen, um die Angst aufzulösen. Denn genauso wie Redeangst den Atem stocken läßt, kann eine gute Atemtechnik die ängstlichen Reaktionen mindern oder gar auflösen.

Angst erzeugt unterschiedliche Körperspannungen: Bei *Unterspannung* stehen wir schlaff zusammengesunken vor unserem Publikum. Es empfindet uns als saft- und kraftlos, wie eine Pflanze, die zuwenig Wasser bekommen hat. Unser Rücken ist rund, die Arme hängen schlaff wie vertrocknete Äste herab, die Schultern sind nach vorn gesackt, der Brustkorb ist eingeengt. So kann Atemenergie nicht fließen. Anderen signalisiert diese Körpersprache: Oh Gott, was für ein »Schluffi«. Was kann ein solcher Mensch schon für eine Botschaft haben!?

Der gegenteilige Effekt der Angst ist eine *Überspannung*: Wir stehen total angespannt mit steifem Rücken auf dem Podium. Die Knie sind durchgedrückt, die Schultern sind hochgezogen, das Gesicht ist verkrampft, die Stirn liegt in Falten. Unser Brustkorb ist ein stählerner Panzer, der die Lunge einengt. Die Reaktion des Publikums: Lieber Abstand halten! Von dieser Person können wir nichts annehmen – ihr Herz ist nicht offen.

Aber wie erreichen wir jetzt die »richtige« Spannung? Wie machen wir uns unseren Atem zum Freund, zum Unterstützer, wie machen wir unsere Stimme zur Trägerin unserer Botschaft? Barbara Lerch empfiehlt zwei Wege: Einmal den längeren, gründlichen, auf dem wir unsere Atemfähigkeit nachhaltig üben und auf dem wir in der Beschäftigung mit unserem Atem auch uns selbst besser kennenlernen.

Eine solche Atemtherapie empfiehlt sich besonders für Menschen, die auf der Suche nach der Einheit von Geist, Seele und Leib sind. Barbara Lerch hat in ihrer Nymphenburger Praxis die Erfahrung gemacht, daß die konkrete Erfahrung des Atems zu einer inneren Orientierung führt, die die Persönlichkeit, das Selbstbild und den Selbstwert stärkt.

Das Hineinatmen in verschiedene Körperstellen läßt Spannungen und Blockaden erkennen, setzt aber auch Stärke und Vitalität frei. Wir werden uns nicht nur unseres Körpers, sondern auch unserer Impulse und Gefühle bewußt und lernen, diese auszudrücken beziehungsweise umzusetzen. Den Atem nennt Barbara Lerch denn auch »Quelle der Lebendigkeit« und ihre Seminare »Atemtransparenz«.

Darüber hinaus kennt sie aber auch Methoden für Menschen, die kurzfristig ihre Atmung verbessern möchten, um damit vor einem wichtigen Auftritt ihre Stimme und ihre Körperhaltung zu stärken. Für dieses Buch hat sie mir ein Dutzend dieser hilfreichen Übungen zusammengestellt, die ich Ihnen hier beschreiben möchte: Übungen, die Sie als Vorbereitung oder während einer Rede nutzen können.

1. Übung: Bodenkontakt

Das wichtigste, was wir für einen öffentlichen Auftritt, also eine Rede, einen Vortrag, eine Präsentation oder einen Diskussionsbeitrag brauchen, ist das Gefühl, mit beiden Beinen fest auf der Erde zu stehen, und das bedeutet auch, sich selbst zu spüren.

Um Ihren Bodenkontakt, also Ihre »Erdung«, zu verbessern, brauchen Sie zwei Tennisbälle. Sie ziehen die Schuhe aus und lassen einige Minuten lang einen Tennisball unter Ihrem rechten Fuß kreisen. Kreisend und drückend aktivieren Sie so Ihre Fußsohle. Wie Sie vielleicht wissen, liegen auf der Fußsohle Reflexzonen, mit dieser Übung regen Sie alle Körperorgane an, auch die Atmung. Ein zusätzlicher Effekt: Der Fuß wird warm. Besonders hilfreich, wenn wir vor unserem Auftritt »kalte Füße« bekommen haben. Nach einigen Minuten können Sie den Fuß flach auf den Boden stellen und mit geschlossenen Augen nachspüren, wie gut sich Ihr Fuß anfühlt. Dann wiederholen Sie die Übung mit dem anderen Fuß. Danach wieder flach hinstellen und nachspüren.

Anschließend können Sie sich mit beiden Fersen auf zwei Tennisbälle stellen, die Füße etwa schulterbreit. Genießen Sie dieses Gefühl, es tut einfach gut.

Diese Übung können Sie übrigens immer wieder mal zwischendurch machen: Schlüpfen Sie beim Telefonieren, beim Zähneputzen oder vor dem Fernseher aus den Schuhen und stellen Sie sich einige Minuten lang auf die Tennisbälle. Fühlen Sie dann nach: Sie werden merken, wie die Fersen in den Boden gesunken sind, Sie erleben eine gute »Erdung«. Und während eines Vortrags können Sie sich dieses gute, sichere Gefühl wiederholen.

2. Übung: Haltung zeigen

Sie nehmen wieder Ihre zwei Tennisbälle und klemmen Sie sich links und rechts unter die Achseln. Atmen Sie tief durch und Sie werden spüren: Ihr Brustkorb ist geweitet, die Schultern sinken nach unten, Sie richten sich automatisch auf. Diese Übung verhindert, daß wir uns klein machen. Wir stehen dabei aufrecht, ohne steif zu sein. Wir sind konzentriert und doch gleichzeitig durchlässig. Wir stehen wie ein Judoka auf der Matte: locker. Und all dies bewirkt: Wir können frei und gut atmen.

Übrigens: Diese Übung ist besonders gut für Menschen mit Asthma oder Bronchitis, weil durch den geweiteten Brustkorb besonders viel Luft fließen kann.

3. Übung: Erfrischungsatmung

Diese Übung, auch Dreiphasenatmung genannt, eignet sich hervorragend, wenn wir nach einem stressigen Tag oder einer anstrengenden Anreise unsere Kräfte für einen Auftritt aktivieren wollen.
Suchen Sie sich ein ruhiges Zimmer, in dem Sie sich flach auf den Boden legen können. Wir können unseren Atem variieren und in verschiedene Zentren »hineinatmen«. Frauen, die schon einmal ein Kind geboren haben, kennen dieses Bauchatmen meistens schon. Bei der Erfrischungsatmung liegen Sie flach auf dem Rücken und atmen je fünf- bis sechsmal tief ein und aus. Beim Einatmen lassen Sie die Luft erst in den Unterbauch fließen, dann in die Mitte, dann in den Brustkorb. Beim Ausatmen verfahren Sie andersherum: Die Luft entweicht erst aus dem Brustkorb, dann aus der Mitte, dann aus dem Unterbauch. Diese Übung hilft uns, den eigenen Körper bewußt wahrzunehmen und ruhig zu werden.

4. Übung: Entspannung

Suchen Sie sich kurz vor dem Auftritt eine ruhige Ecke oder ein Zimmer, in dem Sie tief durchatmen, sich rekeln und herzhaft gähnen können. Strecken Sie Ihre Arme in alle Richtungen aus, bewegen Sie dabei auch Ihren Oberkörper nach allen Seiten, sperren Sie Ihren Mund zum Gähnen weit auf. Gähnen und Rekeln ist kein

Zeichen von Müdigkeit, sondern von Entspannung. Sie helfen in der Zeit der Anspannung vor einem Auftritt, sich wieder mehr im Körper zu fühlen, nicht nur im Kopf. Diese Übung hilft auch gegen das Luftanhalten, zu dem wir in Zeiten großer Anspannung neigen. Wenn du tief durchatmest, fühlst du deinen Körper bis in die Zehenspitzen, bis in jede Zelle.

5. Übung: Angst-weg-Atmung

Diese Übung können Sie immer wieder mal zwischendurch, aber auch gezielt vor einem Vortrag durchführen. Sie setzen sich entspannt auf einen Hocker oder Stuhl, die Arme liegen locker auf Ihren Oberschenkeln. Das Ziel ist wieder, alle Körperregionen zu beatmen. Als erstes legen Sie die Fingerkuppen von Ringfingern und kleinen Fingern aufeinander. Während Sie einatmen, verstärken Sie kurz den Druck, beim Ausatmen entspannen Sie. Machen Sie dies drei- bis viermal und beobachten Sie sich. Spüren Sie dann nach, wohin Ihr Atem geflossen ist. Wiederholen Sie die Übung, indem Sie die Mittelfinger zusammenlegen. Wieder nachspüren. In der dritten Phase legen Sie Zeigefinger und Daumen gegeneinander.

Sie werden wahrscheinlich die Erfahrung machen, daß Sie in verschiedene Bauchregionen geatmet haben, denn unsere Fingerkuppen haben eine unterschiedliche Strahlkraft.

Während Ihrer Rede können Sie dann, sobald Sie Angst oder Verspannung spüren sollten, ganz unauffällig Ihre Fingerkuppen aneinanderlegen und kurz auf alle Kuppen drücken. Sie werden fühlen, wie sich Ihr Atem stärkt und Ihr Energiekreislauf schließt.

6. Übung: Energie aufladen

Brauchen Sie für Ihren Vortrag besonders viel Energie, wollen Sie Forderungen stellen oder Ihre Zuhörer motivieren? Dann kann Ihnen diese Energieübung helfen, Angst zu überwinden und Ihrer Stimme die nötige Überzeugungskraft zu verleihen.

Stellen Sie sich locker hin, legen Sie Ihre Hände übereinander auf Ihre Bauchmitte. Bewegen Sie dann mit einem Ruck eine Hand flach nach oben, der Unterarm winkelt sich dabei ab. Stoßen Sie dabei ein energisches »So« aus. Das gleiche wiederholen Sie dann mit der anderen Hand.

Sie aktivieren mit dieser Übung die Kraft aus dem Bauch heraus oder die »Hara«-Kraft, wie sie die Japaner nennen. Diese Hara-Kraft haben alle Menschen, aber die wenigsten nutzen sie. In Notfällen wird sie manchmal instinktiv geweckt und verhilft dann zu ungeahnten Kräften.

Wie stark diese Kraft aus dem Bauch ist, läßt sich mit einem kleinen Experiment zeigen: Drücken Sie einmal Daumen und Zeigefinger einer Hand zusammen und bitten Sie jemand anderen, sie auseinanderzuziehen. Konzentrieren Sie sich auf die beiden Finger, dann gelingt es leicht. Konzentrieren Sie sich aber auf »Hara«, die Kraft im Unterbauch, fällt es dem anderen wesentlich schwerer, die Finger auseinanderzuziehen.

Diese Hara können wir gerade bei emotionsgeladenen Vorträgen nutzen, sie hilft uns einerseits, unsere Forderungen energisch vorzubringen und stärkt andererseits die Basis unseres Rückgrats und hilft uns damit, Rückgrat zu beweisen.

7. Übung: Stimme stärken

Nutzen Sie die Kraft der Hara auch für Ihre Stimme: Der Hara-Punkt liegt zirka drei Zentimeter unterhalb des Bauchnabels. Stellen Sie sich gerade hin, drücken Sie auf diesen Punkt und husten Sie gleichzeitig, oder sprechen Sie das Wort »Tü-te« scharf aus. Sie werden spüren, wie Ihnen dabei die Bauchdecke entgegenkommt. Dadurch wird der Hara-Punkt stimuliert. Wenn Sie diese Übung immer wieder mal zwischendurch machen, werden Sie feststellen: Ihre Stimme wird lauter, fester und energischer.

8. Übung: Stimmstütze

Mit dieser Übung stärken Profis wie Sänger/innen oder Schauspieler/innen ihre Stimme. Sie ist nicht ganz unkompliziert, bedarf einer guten Vorstellungskraft, belohnt Sie aber auch, indem Sie Ihrer Stimme ein starkes Fundament verschafft.
Sie sitzen gut auf einem Hocker oder Sitzball und streicheln Ihren Bauch zwischen Nabel und Schambein. Versuchen Sie, diesen Raum »auszustreichen«, den Bauch, die Hüften, den Rücken. Man nennt diese Übung auch Schwimmreif-Übung, stellen Sie sich vor, dieser Bereich ist wie ein Schwimmreifen, aus dem Sie die Luft ausstreichen wollen. Dann setzen Sie sich möglichst weit nach hinten auf Ihre »Sitzhöcker«, zwei Beckenknochen, die Sie gut ertasten können, wenn Sie Ihre Hände unter den Po schieben und sich im Sitzen vor und zurück bewegen. Es ist wichtig, möglichst auf diesen »eingebauten Sitzgelegenheiten« zu sitzen. Legen Sie dann die Hände locker auf die Oberschenkel und machen Sie

einen leichten Rundrücken. Stellen Sie sich jetzt vor, in diesem Bereich, den wir Schwimmreif nennen, gehen lauter Ventile auf und Luft strömt aus. Verlagern Sie nun Ihr Gewicht, indem Sie sich über den Sitzknochen nach vorn schieben und sich aufrichten. Atmen Sie dabei aus, den Mund leicht geöffnet und indem Sie ein »f« oder ein scharfes »s« formen. Rollen Sie dann zurück und atmen Sie wieder ein. Wiederholen Sie diese Übung mehrere Male. Sie werden erleben, daß Ihre Stimme mehr und mehr »voll aus dem Bauch« kommt und nicht mehr dünn und nur aus dem Kopf.

9. Übung: Lichtdusche

Dies ist eine Übung, die Ihnen helfen kann, sich zu konzentrieren und damit auch längere Vorträge gut zu überstehen. Ihre Fähigkeit zu visualisieren ist dabei gefragt.
Setzen Sie sich auf einen Hocker oder geraden Stuhl und stellen Sie sich zirka einen Meter über Ihrem Kopf einen bestimmten Punkt, den Identitätspunkt, vor. Ziehen Sie in Gedanken erst eine Linie von diesem Punkt rechts am Körper vorbei unter Ihren rechten Fuß, dann auf der linken Seite an Ihrem Körper vorbei bis unter Ihren linken Fuß. Insgesamt bilden die Linien nun ein Dreieck.
»Sehen« Sie dieses Dreieck? In diesem Dreieck sitzen Sie mitten drin. Stellen Sie sich jetzt vor, im Identitätspunkt über Ihrem Kopf geht eine Lichtdusche an, die das ganze Dreieck mit Licht erfüllt. Es wird warm, Sie entspannen sich, das Licht wird stärker und stärker. Sie können diese Visualisierungsübung bis auf eine halbe Stunde ausdehnen. Aber auch schon eine kurze »Dusche« von fünf oder

zehn Minuten, zum Beispiel im Flugzeug, im Zug oder im Hotelzimmer, hilft Ihnen, sich total zu entspannen.

Sie fühlen Ihren Körper, Ihren Atem, Ihre Kraft. Ihr Energietank wird aufgefüllt.

Und es entsteht darüber hinaus so etwas wie eine »Schutzaura«, eine lichte Schutzhülle, die Ihnen helfen kann, unangenehme Aufgaben zu bewältigen. Etwa wenn Sie Ihrem Publikum schlechte Nachrichten übermitteln müssen, zum Beispiel eine schlechte Bilanz oder die Ankündigung von Personalkürzungen. Diese Hülle schottet Sie nicht von den Menschen ab, aber sie hilft Ihnen, die Situation heil zu überstehen.

10. Übung: Aufrichten

Dies ist eine Körperübung, mit der Sie wachsen können – und zwar innerlich und äußerlich. Denn die innere und die äußere Haltung haben mit Halt zu tun. Gehalten wird unser Körper von der Wirbelsäule, jeder Wirbel ist verantwortlich für die Durchblutung bestimmter Organe. Wenn wir also unsere Wirbel bewußt aufrichten, schaffen wir uns einen guten Halt.

Stellen Sie sich mit lockeren Knien auf und rollen Sie dann langsam Wirbel für Wirbel ab, beginnen Sie mit den Halswirbeln und fahren Sie fort bis zum Steißbein. Lassen Sie Ihre Wirbelsäule kurz aushängen, und richten Sie sie dann in entgegengesetzter Folge langsam wieder auf. Übrigens: Wenn Sie diese Übung regelmäßig und sorgfältig wiederholen, können Sie sogar noch ein Stückchen wachsen. Barbara Lerch selbst ist in ihrer Ausbildung zur Atempädagogin zwei Zentimeter größer geworden!

11. Übung: Gedankenstille

Nervosität und Angst sind meist ganz kurz vor Beginn einer Rede am allergrößten. Hier eine Übung, mit der Sie sich kurz vor Ihrem Auftritt sammeln können.

Setzen Sie sich in ein leeres Zimmer oder stellen Sie sich in eine ruhige Ecke und sagen Sie sich immer wieder: »Meine Gedanken schweigen. Ich lasse meine Gedanken schweigen.« Denken Sie immer wieder diese beiden Sätze und versuchen Sie so, sich leer zu machen, vor allem von hinderlichen Gedanken, die Sie ängstigen oder lähmen. Wenn Sie mit dieser Übung üble Gedanken bannen können, werden Sie Ihren Auftritt intuitiv richtig beginnen.

12. Übung: Reden wie geschmiert

Hier sind ein paar Erste-Hilfe-Mittel, die Ihnen während der Rede, des Vortrags oder der Präsentation über Schwierigkeiten hinweghelfen können.

• Was tun, wenn Sie während Ihrer Rede den »Frosch« nicht aus dem Hals bekommen oder unter trockenem Mund leiden, aber am Rednerpult kein Wasser bereitsteht? Sie können die Speichelproduktion im Mund auf zweierlei Weise anregen: 1. Sie stellen sich eine saftige quietschgrüne Zitrone vor, in die Sie hineinbeißen. 2. Sie fahren bei geschlossenem Mund mit der Zunge erst am Oberkiefer, dann am Unterkiefer am Zahnfleisch entlang, hin und her. Dadurch wird automatisch Speichel produziert, vor allem wenn Sie beide Methoden kombinieren.

- Was können Sie tun, wenn Sie das Gefühl haben: »Gleich versagt meine Stimme?« Machen Sie in Ihrer Rede eine kurze Pause, konzentrieren Sie sich auf Ihren Atem, legen Sie Ihre Hände, als wollten Sie nachdenken, übereinander auf den Unterbauch und versuchen Sie dort hinein zu atmen. Diese kleine Miniübung dauert höchstens 30 Sekunden und erscheint den Zuhörern vielleicht nur wie eine verlängerte Atempause. Meist kommt uns selbst der Zeitraum viel länger vor als den anderen. Möchten Sie trotzdem vorbauen, können Sie Ihre Atempause ja kurz aufgreifen: »Lassen Sie mich bitte eben meinen Gedanken zu Ende denken ...« Oder »Ich möchte die Ideen, die ich dazu habe, kurz sammeln ...« Ein überlegter Redner ist noch nie schlecht angekommen. Und außerdem ist eine solche Pause ein starkes dramaturgisches Mittel: Alle hören wieder zu und sind gespannt auf das, was kommt.

Puh, Atemtraining ist ja richtig Arbeit – werden Sie vielleicht jetzt denken. Aber es lohnt sich – in mehreren Beziehungen: Sie verbessern tatsächlich ganz konkret Ihre Redefähigkeit. Die Übungen helfen, sich auch mental auf Ihren Auftritt vorzubereiten. Und: Sie sind eine wunderbare Möglichkeit, aus der Hektik der Zeit zu sich selbst zu finden. Einige Minuten reichen, um sich selbst zu spüren, in sich selbst zu »ruhen«. Indem wir den Atem fließen lassen, lassen wir auch die Energie durch unseren Körper fließen. Und die können wir schon bei der Vorbereitung zu einer Rede, einer Präsentation nutzen.

Ich mache Barbara Lerchs Atemübungen deshalb auch schon beim Konzipieren eines Vortrags, »baue« sie vorher schon ein. So fällt es leicht, einen Fluß in die Rede zu bringen, und der Körper »erinnert« sich dann auf der Bühne, vor Publikum, an das gute Gefühl.

Dieses Körperbewußtsein, das ich durch die Atemübungen entwickele, hilft mir auch in der Streßsituation, die solch ein Auftritt trotz aller Übung immer ist, präsent zu sein. Früher war ich vor Angst »außer mir«. Heute bin ich in dieser Situation ganz da, mit allen Fasern meines Körpers, mit jeder Zelle meines Gehirns und mit meiner Seele – und das spüren die Zuhörer.

Die Magie der Stimme

Wenn Kopf und Bauch zusammen klingen

Erinnern Sie sich an die Glaubenssätze, über die ich vorher schrieb? Es gibt genau solche Glaubenssätze auch über unsere Stimme. »Ich habe nun mal so eine dünne, quiekende Stimme«. Oder: »Ich kann meine Stimme selbst nicht leiden.« Oder: »Meine Stimme trägt einfach nicht.«

Meine erste Erinnerung, die meine eigene Stimme betrifft, hat sehr viel mit Fräulein Ellersiek zu tun. Fräulein Ellersiek war Musiklehrerin auf unserem Gymnasium und Leiterin des Schulchors. Da ich gerne sang, meldete ich mich in der sechsten oder siebten Klasse zum Chor. Fräulein Ellersiek ließ mich vorsingen und setzte mich dann in der Aula, in der wir immer Chorprobe hatten, auf die Seite der Altstimmen. Ich war furchtbar enttäuscht. Ich wollte keine Altstimme haben. Ich wollte Sopran singen, wie die Sängerinnen im Opernhaus, die ich bewunderte und verehrte.

»Scheiß-Alt«, dachte ich damals, immer diese langweilige zweite Stimme! Sängerinnen mit Altstimmen durften in den Opern, die ich liebte, immer nur die Nebenrollen spielen, waren Kammerzofen oder ältliche Damen. Ja, die Soprane! Die durften jubilieren und brillieren, die waren die gefeierten Primadonnen.

Natürlich waren wir auch im Schulchor die Deppen, waren nur die Klangkulisse, damit diese blöden Sopranzicken sich profilieren konnten. Ehrlich, so dachte ich damals! Wenn mich meine Erinnerung nicht täuscht, waren die Mädels auf der Sopranseite auch sonst von Gott bevorzugt: goldblonde lange Haare, schlanke Beine; kleine Schönheiten mit Minifaltenröckchen und weißen Söckchen.

Aber es kam noch schlimmer: Weil die Zahl der Jungen, und besonders die mit Tenorstimmen, im Chor rar waren, mußten wir auch noch die Tenorstimmen übernehmen. Welche Schande! Ich hatte eine Männerstimme!

Damit war endgültig klar: Ich würde mit meiner Stimme niemals einen Mann becircen, ihm zärtliche Worte ins Ohr flüstern, ihm Liebesschwüre entlocken können. Zur Politikerin würde es mit dieser Stimme vielleicht noch reichen, tröstete ich mich damals, oder zur Lehrerin.

Wie Sie sich vielleicht vorstellen können, trug diese Prägung nicht gerade dazu bei, daß ich meine Stimme lieben konnte. Ich mochte sie nicht, darum pflegte ich sie auch nicht. Diese Liebe entwickelte sich erst viel, viel später. Und sie war das Ergebnis von Arbeit: an Selbstbewußtsein und Selbstwertgefühl, aber vor allem an meinem Körpergefühl.

Daß sich die Stimme in der Pubertät verändert, ist allgemein bekannt. Aber daß man auch als Erwachsene/r noch an seiner Stimme arbeiten kann, habe ich erst spät entdeckt. Da war ich schon Anfang 40. Daß sich etwas mit meiner Stimme veränderte, bemerkten zuerst andere und machten mich auf den neuen »Schmelz« aufmerksam. Meine Freundin Ramona etwa. Sie sprach mir eines Tages auf den Anrufbeantworter: »Weißt du, daß du eine unheimlich erotische Stimme hast? Ist mir vorher noch nie so aufgefallen. Wow.« Seither bespreche ich meine

Mailbox immer mit besonderer Sorgfalt und versuche dabei, den ganzen Reichtum meiner Stimme einzusetzen. Auch in Seminaren oder bei Vorträgen merke ich, daß sich meine Stimme geändert hat, wie sie mehr und mehr tief aus meinem Inneren kommt.

Ich habe festgestellt: Je mehr ich in meinem Körper bin, um so schöner kommt die Stimme aus meinem Körper. Aber das ist ja auch logisch: Wer seinen Körper ablehnt und nur im Kopf lebt, kann sich auch nur der Kopfstimme bedienen. Erst wenn die Verbindung zwischen Kopf und Körper wiederhergestellt ist, kann Energie und Atem fließen, kommt die Stimme auch »aus dem Bauch«.

Daher ist es auch nicht verwunderlich, daß eine satte, klangvolle Stimme erotisch klingt. Daß sie bei Männern männlicher und bei Frauen weiblicher klingt. Denn sie kommt bei den Zuhörer/innen ebenfalls auf der Bauchebene an. Ich kenne das aus eigener Erfahrung, es gibt Stimmen, die bei mir direkt im Unterleib klingen: die Stimmen von Al Jarreau beispielsweise oder von Paolo Conte. Es passiert aber auch bei Frauen, beispielsweise bei manchen Stimmen von Teilnehmerinnen in meinen Seminaren oder auf Terminen. Und ich denke: »Wow, was für eine Stimme. Der möchtest du länger zuhören.«

Ich weiß heute, daß die Bauchstimme sehr viel mit dem Begriff »Charisma« zu tun hat. Charismatische Menschen ist diese Körperstimme eigen, eine Stimme, die beeindruckt, begeistert und überzeugt. Eine Stimme, von der man nicht genug bekommen kann.

Häufig verlieren Menschen auf dem Weg zum Erwachsenwerden ihre kräftige, klangvolle Stimme. Dies beginnt beim ersten Ausdruck des Kindes, dem Weinen. Wenn Kindern das Weinen »abgewöhnt« wird, wird ihnen auch gleichzeitig eine Kontrolle über ihre Stimme auferlegt. Mit Sätzen wie »Sprich deutlich« oder »Sprich ordentlich«

oder »Nicht so laut« vermiesen Erwachsene den heranwachsenden Kindern dann weiter ihre Körperstimme.

Diese Kinder trainieren nur noch ihre »vernünftige« Kopfstimme und entwickeln, wie Experten sagen, einen »verfestigten Stimmausdruck«.

Das bedeutet, jeder Redeanlaß versetzt den so geprägten Erwachsenen in einen Spannungszustand, der den Nacken verhärtet und den Unterkiefer versteift – der Hals ist wie zugeschnürt. Dazu kommt ein »unökonomischer« Sprachgebrauch: Die Wörter werden gehaucht und wirken durch den Luftstrom unklar oder heiser, und die Redner/innen müssen an den falschen Stellen, Sinn zerstörend, neu Atem holen. Manche bemühen sich, besonders laut und deutlich zu sprechen, verkrampfen dabei aber noch mehr. Andere verschlucken die Endsilben von Wörtern und sind nicht mehr zu verstehen.

Woran können Sie merken, daß Sie Ihre Körperstimme noch nicht gefunden haben? Daß Sie ihren Reichtum noch nicht ganz nutzen? Daß Sie Ihre Stimme verbessern können? Hier einige Anhaltspunkte:

- Sie mögen Ihre Stimme nicht, beklagen anderen gegenüber ihren unzureichenden Klang.
- Sie grausen sich, wenn Sie Ihre Stimme auf einer Kassette oder auf einem Videofilm hören, weil sie sich so quäkig anhört.
- Sie vermeiden öffentliches Reden, wo es nur geht.
- Ihre Stimme kommt Ihnen so »gekünstelt« vor. Sie haben beim Reden den Eindruck, als gehöre sie gar nicht zu Ihnen.
- Sie reden Hochdeutsch, obwohl Sie eigentlich von Zuhause aus einen deutlichen Dialekt sprechen, und finden sich in dieser »Kunstsprache« nicht wieder.

- Beim Reden haben Sie oft einen trockenen Hals oder werden schnell heiser.
- Sie trauen sich nicht, in der Öffentlichkeit zu singen, etwa in der Kirche, weil Sie sich für Ihre Stimme schämen.
- Sie werden in einer größeren Runde häufig nicht gehört, oder Sie erleben keine Resonanz auf das, was Sie gesagt haben.
- Sie werden von anderen gebeten, lauter zu sprechen.
- Ihnen wurde schon einmal oder häufiger geraten, etwas für Ihre Stimme zu tun.

Die Stimme kann nicht lügen

Unsere Stimme verrät, ob wir es ehrlich meinen, ob wir glauben, was wir sagen. Schließlich sind an der Erzeugung der Stimme mehr als 100 Muskeln beteiligt, wie Eckert und Laver es in ihrem Buch »Atem und Stimme« beschreiben: »Wenn wir uns in einem stark gefühlsbetonten Zustand befinden, dies aber nicht zu erkennen geben wollen, dann kommt es zu einem inneren Kampf, der jene empfindliche Feinabstimmung stört. Und dann verrät die Stimme unsere Gefühle.«
Nicht, was wir sagen, ist für die zwischenmenschliche Beziehung so von Bedeutung, sondern wie wir es sagen. Ehrlichkeit ist also die Grundlage für jede Stimmarbeit. Denn nicht nur Lügen, auch Ängstlichkeit oder Unsicherheit sind aus einer Stimme herauszuhören. Nicht umsonst nennen wir hohle Worte »Lippenbekenntnisse«. Im Gegensatz dazu kann eine Stimme Ehrlichkeit, Kraft, Selbstsicherheit, Wärme, Optimismus oder Entschlossenheit ausstrahlen. Und Glaubwürdigkeit.
In einem Workshop zum Thema Presse- und Öffentlich-

keitsarbeit, den ich vor einiger Zeit für Freiberuflerinnen gab, saß unter den Teilnehmerinnen eine Frau, die selbst Seminare zum Thema Lachen anbot. Bei der Präsentation ihrer beruflichen Stärken wollte Veronika uns ein Beispiel von der befreienden Wirkung des Lachens geben. Deshalb lachte sie plötzlich lauthals los. Die Reaktion der anderen Teilnehmerinnen (auch meine) war eindeutig: Wir zuckten zusammen. Das Lachen klang nicht befreiend und ansteckend, sondern zutiefst erschreckend, ja fast roh und abstoßend. Es war ein Schrei, und nicht das, was ich unter Lachen verstehe.

Unser ehrliches Feedback zu ihrer Vorstellung wehrte Veronika zuerst empört ab. Erst im Laufe des Seminars kam ihre ganze Verzweiflung über ihre berufliche und private Situation heraus. Und wir verstanden, daß ihr »Lachen« in der Tat ein Verzweiflungsschrei gewesen war. Obwohl sie nach außen ihre Rolle gut spielte, wurde Veronika von ihrer Stimme verraten.

So wie die Stimme ein Barometer unserer Gefühle ist, genauso ist sie aber auch ein Instrument, das wir täglich benutzen und das gepflegt und trainiert sein will. Das heißt, neben der Arbeit am eigenen Ich, am »Einssein«, können wir auch ganz bewußt unser Sprechinstrument stimmen. Denn Sprachexperten wissen: Wenn wir unserer Stimme zu einem vollen, warmen Klang verhelfen, verbessert sich damit automatisch auch unser Selbstwertgefühl. Also: Änderungen am Äußeren erwirken Veränderungen im Inneren. Und umgekehrt.

Denn Menschen verbinden mit dem Klang einer Stimme ganz bestimmte Eigenschaften:

● Eine nasale Stimme assoziiert beispielsweise eine langweilige, weinerliche, zickige Person (denken Sie an die Rollen, die Theo Lingen in alten Filmen spielte).

- Klein-Mädchen-Stimmen deuten auf Unreife, geringes Selbstwertgefühl, wirken aber auf Männer oft sexy. Sie eignen sich vielleicht, um den Traummann aufzureißen, aber nicht, um sich in einer Konferenz durchzusetzen.
- Die angestrengte Stimme wirkt leicht aggressiv. Sie verunsichert die Zuhörer oder stößt sie sogar ab: Was will diese Person denn? Warum greift sie mich an? Ich hab ihr doch gar nichts getan.
- Eine heisere Stimme ruft das Bild des zurückhaltenden, emotional armen Einzelgängers hervor und signalisiert: »Vorsicht, der Cowboy zieht schnell.«
- Eine schwache, leblose Stimme signalisiert: Dem Redner ist das Thema ziemlich egal, ihm fehlen Begeisterung und Engagement. Und er ruft dadurch natürlich auch bei den Zuhörern keine Begeisterungsstürme hervor.

Wenn Sie an Ihrer Stimme arbeiten, können Sie Ihre Wirkung bei einem Vortrag, einer Rede erheblich steigern: Sie können Sympathiebrücken schlagen, Ihr Publikum »einstimmen«, Offenheit für Ihre Ideen und Forderungen hervorrufen, Begeisterung übermitteln und Menschen bewegen. Sie können Ihr Publikum ein»stimme«n und Zu»stimm«ung bekommen (es ist total spannend, wie viele Worte mit der Stimme zu tun haben).

Zur Vorbereitung Ihres Stimmtrainings empfehle ich Ihnen, sich von verschiedenen Menschen ein Feedback über Ihre Stimme geben zu lassen. Meistens halten wir unsere Stimme nämlich selbst für viel schlechter, als sie in Wirklichkeit ankommt. Oder wir haben einen »blinden

Fleck«, sehen Stärken oder Schwächen nicht, die alle anderen klar erkennen.

Fragen Sie deshalb Leute aus verschiedenen Lebensbereichen, zu denen Sie ein gutes Verhältnis haben: »Wie empfindest du meine Stimme? Was gefällt dir an ihr, was nicht? Was sagt sie über mich aus? Was sollte ich verbessern?«

Ganz wichtig bei jeder Arbeit an der Stimme ist die innere Einstellung dazu: Stimmtraining ist keine Selbstbestrafung oder eine Methode Fehler »auszumerzen«, die verhaßte Stimme zu »beseitigen«. Nein, es ist die Chance, Ihre Stimme kennen- und lieben zu lernen. Es ist eine Methode, um Ihre verborgene Körperstimme zum Klingen zu bringen.

»Mit einem guten Training kann es jedem und jeder gelingen, mit Stimme Stimmungen zu schaffen, Reden lebendig zu gestalten und die Persönlichkeit zum Ausdruck zu bringen.« Davon ist mein Freund und persönlicher Coach Achim Hofmann überzeugt. Aus diesem Grund bietet er jetzt verstärkt Workshops an, in denen er die Zusammenhänge von Selbstwertgefühl, Stimme, Körpersprache und Ausstrahlung deutlich macht.

Dazu gehört natürlich auch das richtige »Handwerkszeug«, mit dem beispielsweise Sänger/innen und Schauspieler/innen regelmäßig ihre Stimme trainieren. Ich möchte Ihnen deshalb einige Übungen für ein effektives Stimmtraining vorstellen – Übungen zum Entspannen, Artikulieren und Vokalisieren, Übungen gegen »Mundfaulheit« und für mehr Akzeptanz.

Eine Bitte: Seien Sie dabei sich selbst gegenüber äußerst geduldig. Übergroßer Ehrgeiz verhärtet, Ungeduld verkrampft. Die Befreiung und Schulung der Körperstimme braucht Zeit. Bei einigen vielleicht nur einige Wochen, bei anderen vielleicht viele Monate, vor allem wenn grundlegende Barrieren überwunden werden müssen. Nehmen Sie sich diese Zeit. Klavierspielen lernt man schließlich auch nicht an einem Tag. Und nicht immer sind wir gleich gut in der Lage, unserer Stimme Klang zu geben. Es gibt eben Tage, an denen wir müde oder angespannt sind, an denen uns viel Sprechen anstrengt. Aus diesem Wissen heraus können Sie sich aber auch vor einer wichtigen Rede entsprechend vorbereiten. Sich mehr Zeit nehmen, um zu entspannen, sich zu sammeln, die Stimme zu »ölen«.

So »formen« Sie Ihre Stimme

Unsere Stimme bildet Vokale und Konsonanten, aus denen die Sprache zusammengesetzt ist. Mit einigen guten Übungen können wir erreichen, daß wir Vokale und Konsonanten optimal formen, um besser verstanden zu werden und ganz gezielt Klangbilder entstehen zu lassen.

1. Vokalisieren

Vokale sind die runden kleinen Dinger, die nur durch einen offenen Mund klingen: a, e, i, o, u. Kriegen wir den Mund nicht auf, kommt nur unverständliches Gebrumm zwischen den Lippen heraus. Achim Hofmann: »Vokale bringen unserer Stimme den Klang. Dafür brauchen sie aber einige Voraussetzungen: Daß unser Hals entspannt ist, der Unterkiefer ganz leicht im Kiefergelenk hängt und die Zunge locker im Mund liegt. Sie wollen die Vokale schließlich nicht schlucken, sondern rauslassen.« Damit unsere Stimme klingen kann, brauchen wir, wie

Sie bereits wissen, unseren Atem. Wir brauchen Energie, die durch unseren ganzen Körper fließt, Kopf und Körper verbindet. Atem kann aber nur fließen, wenn der Brustkorb weit, Zwerchfell und Bauch entspannt sind. Dazu haben Sie im vorigen Kapitel einige Übungen bekommen. Jetzt geht es um die Beschaffenheit von Hals- und Kopfbereich.

Zum Sprechen brauchen wir im Prinzip die gleichen Muskeln wie zum Kauen, man spricht deshalb auch von Kauphonetik. Also: Alles was sich beim Essen bewegt, sollte sich auch beim Reden locker bewegen, also unverkrampft sein.

Wie läßt sich prüfen, ob die Kopfmuskeln entspannt sind? Stellen Sie sich gerade hin, den Kopf hoch, und schauen Sie nach vorn. Legen Sie jetzt eine Hand auf den Nacken und drücken Sie die Muskeln leicht. Fühlen Sie starke Verspannungen, auch in Ihren Schultern, können Sie diese mit einer einfachen Übung lockern: Legen Sie sich flach auf den Rücken und massieren Sie die verkrampften Partien ganz sanft, vor allem die, wo es sticht oder schmerzt. Gähnen Sie nun ganz ausführlich, Ihre Stimmbänder sollten sich dabei weiten wie die Halsflügel einer zum Angriff bereiten Kobra. Können Sie sich das vorstellen?

Legen Sie Ihre Hände nun auf Ihr Gesicht, auf Ihre Kieferknochen, auf Ihr Kinn. Nutzen Sie die Wärme Ihrer Hände, um die Partien Ihres Gesichts zu entspannen.

Sind die Muskeln entspannt, können Sie anfangen, den Vokal »u« zu bilden, aber eher wie ein langsames, sanftes »uhhhhh«. Dazu öffnen Sie den Mund etwa fingerbreit und lassen den Vokal »u« mit einem satten Atem herausströmen.

Wiederholen Sie diese Übung mehrmals und variieren Sie sie dann mit den Vokalen »o« und »a«. Achten Sie darauf, daß Ihre Kehle und Ihre Lippen dabei gleich entspannt bleiben. Es kann gut sein, daß Sie dazwischen immer wieder gähnen müssen, nehmen Sie es als ein gutes Zeichen für Ihren entspannten Zustand. Dann folgen die Vokale »e« und schließlich »i«. Vielleicht merken Sie bei dieser Reihenfolge, wie die Stimmbänder sich immer mehr dehnen müssen, um die Vokale e und i formen zu können. Entspannen Sie sich nach dieser Übung wieder.

Sie werden auch merken, wenn Sie die verschiedenen Vokale ausatmen, daß diese in verschiedenen Körperteilen »angesiedelt« sind. Das »u« beispielsweise sitzt im Unterleib, das »o« im Herzen, das »a« im oberen Brustraum, das »e« im Hals und das »i« im Kopf. Klingt logisch, schließlich sagen wir »ohhh«, wenn wir etwas sehr Schönes oder etwas sehr Trauriges erleben, und »ihhh«, wenn wir uns vor etwas ekeln. Auch die Frequenz der Vokale ist total unterschiedlich: Schwingt das »u« nur mit 500 Hertz, so schwingt das »i« mit gellenden 4000.

Bekommen Sie bei dieser Übung einen trockenen Mund, sollten Sie zwischendurch etwas zimmerwarmes Wasser, besser noch körperwarmen Tee trinken. Das angenehm temperierte Getränk hilft, die ausgetrockneten Stimmlippen zu »ölen«. Merken Sie sich dies auch für Ihre nächste Rede oder Präsentation: Wenn Sie gegen einen trockenen Mund eiskaltes Mineralwasser schlucken, verkrampfen sich die Stimmbänder auf der Stelle. Besser ist deshalb ein Getränk in Körpertemperatur, um die Stimmlippen zu befeuchten.

Eine weitere gute Übung zum Vokalisieren ist die »Korkenübung«, von der Sie vielleicht schon mal gehört haben: Sie klemmen sich einen Korken zwischen die Zähne und beginnen zu sprechen. Erzählen Sie irgend etwas, sagen Sie ein Gedicht auf oder lesen Sie etwas aus der Zeitung vor. Dann entfernen Sie den Korken und sprechen das gleiche noch einmal. Sie werden spüren, daß Sie die Vokale wesentlich offener sprechen.

Legen Sie dabei zwischendurch immer wieder mal Ihre Hände an die Gesichts- und Halsmuskulatur und überprüfen Sie, ob Sie immer noch schön locker sind. Denken Sie daran: Ziel der Übung ist nicht, wie der Räuber Hotzenplotz möglichst tief zu sprechen, sondern die Töne aus dem Körper heraufsteigen und sie in der Kehle schwingen zu lassen.

Diese Übung läßt den Klang fließen, und sie ist auch eine wunderbare Vorbereitung für Ihre fertige Rede: Halten Sie diese Rede daheim mit dem Korken im Mund und anschließend ohne. Sie werden merken, wieviel klangvoller Sie Ihre Gedanken vortragen können.

Die nächste Übung zum besseren Vokalisieren machen Sie am besten vor einem Spiegel: Versuchen Sie, beim Sprechen etwas zu lächeln. Diese »Maske«, wie es im Stimmtraining heißt, zieht die Wangenknochen etwas nach hinten und strafft die Lippen. Dadurch kommt der Ton gerade heraus und wird wesentlich deutlicher.

2. Artikulieren

So wie die Vokale für den Klang verantwortlich sind, so stehen die Konsonanten für Präsenz. Wenn jemand schlecht verstanden wird, liegt es meistens daran, daß er nicht scharf artikuliert. Für die Artikulation gibt es ebenfalls einige gute Übungen.

Um Ihre Sprechwerkzeuge, also Lippen, Zunge und Zähne zu trainieren, können Sie folgende kleine Übung machen. Versuchen Sie, mit einzelnen Konsonanten kleine Motorgeräusche von sich zu geben, so wie das Blubbern eines kleinen Bootsmotors. Lassen Sie den Atem durch die fast geschlossenen, lockeren Lippen ein leises »B-b-b-b-b-b-b« erzeugen. Dann lenken Sie ihn mit der Zungenspitze am Gaumen zu einem leisen »t-t-t-t-t-t-t«. Und schließlich bildet der Atem zusammen mit Zunge und Zähne zusammen ein leises »f-f-f-f-f-f-f-«. Das Ziel dieser Übungen: Die Lippen und die Zunge ganz locker vom Atem bewegen, ja vibrieren zu lassen.

Zur Beweglichkeit Ihrer Sprechwerkzeuge tragen auch die berühmten »Zungenbrecher« bei, die Sie vielleicht noch aus Ihrer Kinderzeit kennen. »Fischers Fritze fischt frische Fische.« Oder: »Brautkleid bleibt Brautkleid und Blaukraut bleibt Blaukraut«. Oder: »Zehn zahme Ziegen zogen zehn Zentner Zucker zum Zoo.« Versuchen Sie die Zungenbrecher mehrmals hintereinander möglichst deutlich zu sprechen. Auf die Geschwindigkeit kommt es bei dieser Übung nicht an.

Eine weitere Übung können Sie zu Hause vor dem Spiegel durchführen: Tragen Sie ein Gedicht laut vor, das Sie in Erinnerung haben. Ach, kommen Sie, irgendeins haben Sie sicher noch aus der Schulzeit im Gedächtnis. Und achten Sie beim Vortragen auf den Klang und die Präsenz Ihrer Stimme.

3. Akzeptanz

Wenn Sie Menschen mit einem Vortrag oder einer Präsentation erreichen wollen, schaffen Sie das nicht mit Druck oder Kraft. Achim Hofmann: »Akzeptanz erreichen Sie nur, wenn Sie Ihren Brustkasten, und das heißt, Ihr Herz öffnen.«

Eine Übung dazu ist die Vorstellung, daß Sie das

sogenannte Sternum, eines unserer Energiezentren, öffnen. Dieser Punkt liegt über der Thymusdrüse etwa in der Mitte des Brustbeins und steht für Liebe und Mitgefühl. Stellen Sie sich vor, daß Sie ein Amulett an einer Kette tragen – genau auf dem Sternum. Öffnen Sie dieses Amulett und zeigen Sie es Ihren Zuhörer/innen. Mit etwas Phantasie werden Sie spüren können, wie sich ein energiereiches Band zwischen Ihnen und Ihrem Publikum knüpft.

4. Timing

Manche Menschen nennt man »mundfaul«, weil sie ihren Mund beim Sprechen nicht richtig bewegen, sie nuscheln oder brummeln, jedenfalls sind Sie fast nicht zu verstehen. Genauso schwierig zu verstehen sind die sogenannten Polterer, die Sätze wie eine Naturgewalt über ihr Publikum ausschütten und weder sich noch den Zuhörer/innen Zeit geben, das Gesagte auch zu überdenken.
Für eine gute, klare Aussprache brauchen Sie unbedingt ein gutes Timing, also ein Zusammenspiel von Gedanken und abgegebenem Ton. Eine wunderbare Übung dazu: Trainieren Sie, beim Einatmen den Satz zu denken, den Sie dann gleich darauf beim Ausatmen sagen wollen. Wenn Sie sich diese Zeit nehmen, bekommen Sie automatisch auch ein Gefühl für diesen Gedanken. Sie können ihn dann mit der richtigen, angemessenen Bctonung artikulieren.
Überlegtes Sprechen ist vergleichbar mit dem Tennisspielen. Dort geht es auch um Ausholen und Schwung. Nur mit dem richtigen Timing treffen die Tennisspieler den Ball genau zur richtigen Zeit am richtigen Punkt. Und erzeugen dieses satte »Plopp«.

5. Stimmelodie

Gerade Frauen sollten lernen, im Berufsleben auch tiefe Töne einzubringen. Dabei sind sie offensichtlich auf einem guten Weg. Wissenschaftler haben nämlich festgestellt, daß die Frauenstimmen in den vergangenen vierzig Jahren tatsächlich tiefer geworden sind. Das läge einmal daran, daß Frauen heute im Schnitt größer seien und damit auch über längere Stimmbänder verfügten. Und zum anderen an der Sozialisation. Sprich: Frauen hätten begriffen, daß sie sich mit einer tieferen Stimme besser durchsetzen könnten.

Männern fällt es oft noch schwer, beim Reden auch mal die Kopfstimme, also höhere Töne, einzubauen. »Haben Sie Mut zu Obertönen«, fordert Achim Hofmann seine männlichen Seminarteilnehmer deshalb immer wieder auf.

»Rund« wird eine Stimme, wird das Sprechen erst, wenn wir eine Kombination von Brust- und Kopfstimme erzeugen können. Die ideale Stimmhöhe nennen Experten Indifferenzlage. Wie findet man diese Lage heraus? Die österreichischen Sprachwissenschaftler Horst Coblenzer und Franz Muhar haben dafür eine einfache Übung entwickelt: Setzen oder stellen Sie sich bequem hin, schließen Sie den Mund und summen Sie ein leichtes »hmmmmm«, nicken Sie dabei mit dem Kopf. Ihre Indifferenzlage erreichen Sie, wenn der Ton bei mehrmaligen Wiederholungen gewissermaßen von selbst immer in der gleichen Höhe erklingt. Aus diesem »Hmmm« heraus sollten Sie sprechen. Sie können sich beispielsweise vor Ihrer nächsten Rede »einstimmen«, indem Sie auf dem Weg zum Podium leise in Ihrer Indifferenzlage summen und daraus Ihr »Guten Tag, meine Damen und Herren« sprechen.

Doch nichts wäre langweiliger, als die ganze Rede hindurch diese eine Stimmlage beizubehalten, denn Eintönigkeit wirkt einschläfernd. Erst die Kombination verschiedener Stimmhöhen, von Körper- und Kopfstimme schafft eine Stimm- und Sprachmelodie. Achim Hofmann vergleicht sie mit Wellen, die stetig hinauf- und hinunterwogen, mal höher, mal niedriger. Bewegt werden diese Wellen vom »Wind« der Emotionen. Ihr Gefühl bei dem, was Sie sagen, bestimmt Ihre Stimmelodie. Und diese Stimmelodie bewegt Ihre Zuhörer/innen. Passend dazu ein Zitat. Fritz Kortner, der große Schauspieler und Regisseur, hat als Erfolgsformel für gutes Reden einmal definiert: »Mal lang, mal kurz, mal laut, mal leise!«

Eine gute Übung, um diese Stimmelodie zu entwickeln, kann es sein, Sätze zu singen. Klingt ein bißchen albern, ist aber sehr wirksam (sollten Sie vielleicht auch nur trainieren, wenn Sie allein sind oder Ihre Umgebung eingeweiht haben). Und das geht so: Sprechen Sie einen Satz, beispielsweise: »Die Aktien sind schon wieder gestiegen, gut, daß ich gestern gekauft habe.« Und dann singen Sie diesen Satz, entweder

- nach einer selbst ausgedachten Melodie,
- nach der Melodie eines Kinderliedes, »Hänschen klein«, »Alle meine Entlein« etc.,
- nach einer Schlagermelodie, »Marmor, Stein und Eisen bricht« oder »Yellow Submarine«,
- oder nach einer Melodie aus der Werbung, die Ihnen gerade im Kopf herumgeistert, »Einfach gut . . . McDonalds ist einfach gut« oder »Wir bieten Ihrer Zukunft ein Zuhause, LBS . . .«

Was, Sie können nicht singen, waren schon als Kind unmusikalisch? Ausflüchte gibt es nicht.

»Wer laufen kann, kann tanzen; wer sprechen kann, kann singen«, sagt Achim Hofmann, und der muß es wissen. Er hat schließlich jahrelang Gospel- und Musicalgruppen mit Profis und Amateuren geleitet.

Dieser Singsang kann übrigens auch eine tolle Vorbereitung für Ihren nächsten Auftritt sein: Singen Sie Ihre Rede, Ihren Vortrag oder Ihre Präsentation doch einmal (natürlich nur als Vorbereitung). Sie werden merken, anschließend wird Ihre Stimmelodie abwechslungsreicher und spannender.

6. Dialekt

Ich erlebe immer wieder Redner, die mit einem Dialekt aufgewachsen sind und sich damit schwertun: Entweder sie haben sich den Dialekt mühsam abgewöhnt und versuchen, ein klares Hochdeutsch zu sprechen. Dann betonen sie aber die meisten Wörter überdeutlich und klingen dadurch künstlich. Die anderen sprechen unbekümmert in ihrem Dialekt, werden aber von den meisten Zuhörer/innen teilweise nicht verstanden.

Ich erinnere mich an eine Professorin von der Uni Konstanz, die in München einen Vortrag vor Managerinnen hielt. Ihr ausgeprägter schwäbischer Dialekt schlug mich völlig in den Bann, aber ich konnte dem Vortrag inhaltlich nicht folgen, weil ich einfach nichts verstand. Ich fragte mich die ganze Zeit: Wie kann eine so gebildete Frau sich so wenig verständlich machen, warum arbeitet sie nicht an ihrer Sprache?

Ich selbst komme aus der Gegend von Hannover, habe daher natürlich keine Probleme mit Dialekten (Platt habe ich leider nie gelernt). Und ich möchte niemandem seinen Dialekt madig machen. Im Gegenteil, ich finde, daß eine Dialektfärbung eine Stimme sehr sympathisch machen kann. Kein Redner, keine Rednerin muß sich einen Dialekt völlig abgewöhnen. Aber wer Dialekt spricht, muß sich noch mehr als andere bemühen, verständlich zu sprechen, das heißt langsam und deutlich. Und er muß sich überlegen, ob die dialekttypischen Vokabeln seiner Sprache auch von den Zuhörern verstanden werden. Im Zweifelsfall kann er sie mit rhetorischer Finesse einsetzen und »übersetzen«.

7. Kongruenz

Nicht jeder Mensch kann jeden Text gleich gut und überzeugend vertreten. Humphrey Bogart beispielsweise konnte nur einen Typ spielen – den aber zum Niederknien. Das ist also kein Manko. Im Gegenteil.
Es ist ganz wichtig, auch bei der Stimme zu erkennen: Welcher Stimmtypus bin ich? Bin ich der begeisternde Redner oder der sachliche? Die swingende Rednerin oder die sensible? Der mit charmantem Timbre oder die Röhre?
Als Anhaltspunkt für die eigene Einschätzung können Ihnen die Rednertypen dienen, die ich Ihnen vorgestellt habe: der Delphin, der Löwe, die Schlange, der Affe, die Katze und das Pferd (siehe Seiten 41 bis 48). Denn jedem dieser Rednertypen läßt sich auch ein bestimmter Stimmtypus zuordnen:

- Der Delphin ist der Meister des Stimmklangs, er bringt die richtigen Schwingungen zu seinen Zuhörer/innen rüber und erhält ein Echo. Seine Vokalisierung ist unübertroffen.
- Der Löwe ist der Meister des Sprechdrucks, er bringt

seine Aussagen voller Power rüber, holt die Energie aus der Tiefe seines Körpers. Sänger/innen, die der Gruppe der Löwen zuzuordnen sind, nennt man gern »eine Röhre«.

- Die Schlange ist die Meisterin der leisen Töne. Sie braucht sich nicht zu zwingen, laut zu reden, denn sie schafft es allein durch ihr sympathisches Auftreten, daß Menschen ihr zuhören.
- Der Affe ist der Meister der Sprechdynamik. Er ist ein begeisterter Redner, beherrscht alle Farben der Stimme. Egal bei welchem Thema, es macht einfach Spaß ihm zuzuhören.
- Die Katze ist die Meisterin des Timbres. Ihre Zuhörer/innen lassen sich die Töne auf der Zunge zergehen und genießen den Vortrag. Sie übt ihre Reden nicht, denn sie ist das Ereignis.
- Das Pferd ist der Meister der sauberen Artikulation. Sein Vortrag ist sachlich und gut verständlich, auch noch in der allerletzten Reihe. Sein Sprechtempo ist perfekt und dient als Unterstützung für den Inhalt.

Wenn ich weiß, welcher Typ ich bin, kann ich als Redner oder Rednerin meinen Text darauf abstimmen.
Den eigenen Typ zu definieren, bedeutet die eigene Begabung zu erkennen und wirkungsvoll einzusetzen. Ein Beispiel: Bin ich eine sensible Schlange, beginne ich meine Rede vielleicht am besten mit einem ruhigen, emotionalen persönlichen Einstieg; bin ich ein Pferd mit einer sachlichen, klar formulierten These, als Affe mit einem deftigen Joke, als Delphin mit einer Frage, als Katze mit einer Anekdote, als Löwe mit einem flammenden Aufruf.
Wenn wir nur versuchen, einen bestimmten Redetyp nachzumachen, sind wir nicht »echt«. Mein Motto: Lieber

»Ich« sein mit kleinen Schwächen als die schlechte Kopie einer begnadeten Rednerin.

Meinen Typ zu erkennen und ihn anzunehmen, bedeutet: meine Persönlichkeit, den Inhalt meiner Rede und meine Stimme in Kongruenz zu bringen. Wenn ich diese Übereinstimmung schaffe, dann komme ich bei meinen Zuhörer/innen ehrlich an.

Vorsicht,
der Körper spricht mit

Wie Sie durch Haltung,
Bewegung und Mimik überzeugen

Es gibt Menschen, die kommen in einen Raum und alles wendet sich fast automatisch ihnen zu. Wenn sie an ein Rednerpult treten, steigt schlagartig die Aufmerksamkeit. Im Publikum sinkt der Geräuschpegel und es sinken die Zeitungen. Die Zuhörer rücken auf ihren Stühlen zurecht, heben die Köpfe, sind ganz Ohr. Und das obwohl diese Person noch kein einziges Wort gesagt hat. Wie entsteht eine solche Wirkung?

Solchen Menschen »sieht« man offensichtlich an, daß sie etwas Besonderes sind oder etwas Besonderes zu sagen haben. Es gehört natürlich Charisma dazu, um eine solche Wirkung zu erzielen. Und Charisma ist keine Gott gegebene Gnade, sondern eine ganz besondere Ausstrahlung, für die Sie etwas tun können. In den letzten Kapiteln haben Sie dazu schon eine ganze Menge erfahren. Die wichtigste Voraussetzung für diese besondere Ausstrahlung ist, ganz »bei sich zu sein«, und transportiert wird sie vor allem über die Körpersprache.

Seit einigen Jahren hat der Begriff »Körpersprache« Konjunktur. Unzählige Bücher, Kassetten, Videos sind dazu produziert worden, in jeder Zeitschrift kann man darüber lesen. Die Seminare des Körpersprachegurus Samy Molcho sind auf Jahre ausgebucht. Einerseits ist der Boom sehr erfreulich, weil das Nachdenken über die eigene Wirkung sehr hilfreich sein kann. Auf der anderen Seite ist man durch diese »Regeln« geneigt, jede Bewegung, jeden Blick des Gegenübers zu deuten: Warum verschränkt er jetzt die Arme? Warum legt sie ihre Hand auf die Lehne? Was bedeuten die übereinandergeschlagenen Beine – Schuhspitzen von mir weg?

Das Halbwissen über Körpersprache hat dazu geführt, daß viele Menschen krampfhaft versuchen, sich die »richtige« Körpersprache anzutrainieren, sie sich überzustülpen wie eine »fremde Haut«. Meine Erfahrung hat mich gelehrt, daß nur die Entwicklung des eigenen Selbstbewußtseins, die Aufmerksamkeit für mich selbst, die Klarheit meiner Persönlichkeit wirklich die Ausstrahlung verändern können. Darüber hinaus kann es durchaus hilfreich sein, sich einiges »Handwerkszeug« anzueignen. Denn manchmal ist die innere Entwicklung schneller als die äußere – und ich zeige nach außen noch alte, überholte Verhaltensweisen, die mir selbst gar nicht auffallen.

Dazu kommt, daß wir ja auch nicht immer gleich gut »drauf sind«. Am Abend müssen wir einen wichtigen Vortrag halten, aber tagsüber läuft alles schief – der Chef motzt herum, ein Kunde storniert einen Auftrag, vom Finanzamt kommt der Steuerbescheid mit einer saftigen Nachzahlung, am Auto ist ein Knöllchen und unser Kind ruft an, daß es in der Schule eine Sechs geschrieben hat, na Klasse! Und da sollen wir abends locker und gelöst brillieren. Auch in einem solchen Fall ist es von Vorteil, die Wirkung meiner Körpersprache zu kennen und sie für meine Zuhörer zu interpretieren. Doch dazu gleich mehr.

Lassen Sie uns erst einmal anschauen, woraus sich Körpersprache eigentlich zusammensetzt.

Drei äußere Wirkungsmechanismen »sprechen« am lautesten:

- die Körperhaltung,
- die Bewegung (Gestik) und
- der Gesichtsausdruck (Mimik).

Schauen Sie sich Ihre eigene Körpersprache doch einmal kritisch an. Stellen Sie sich vor einen raumhohen Spiegel und betrachten Sie Ihr Spiegelbild (auch wenn es anfangs albern erscheint): Wie wirkt diese Person, die da vor Ihnen steht?
Fühlt sie sich wohl in ihrer Haut? Welche Botschaft strahlt sie aus? Welche Wirkung erzielt sie wohl auf andere? Jetzt versuchen Sie einmal, das eine oder andere Detail zu verändern:

- Lassen Sie Ihre Schultern nach vorne fallen oder ziehen Sie sie hoch.
- Kippen Sie Ihr Becken nach vorn oder nach hinten.
- Lassen Sie den Kopf hängen oder tragen Sie ihn hoch erhoben.
- Entspannen oder straffen Sie Ihren ganzen Körper.
- Machen Sie sich klein oder machen Sie sich groß.
- Lassen Sie die Arme an den Seiten herabbaumeln oder versuchen Sie mit den Händen zu reden.

Beobachten Sie Ihren Körper bei diesem Spiel, aber auch Ihren Gesichtsausdruck. Wann sehen Sie müde aus, wann strahlend? Wann nachdenklich und wann begeistert? In welcher Haltung gefallen Sie sich am besten?
Selbst wenn Sie sich selbst noch nicht als die große charismatische Persönlichkeit sehen, so können Sie doch an Ihrem Auftritt, Ihrem Ausdruck arbeiten – und ihn verbessern. Damit die Aufmerksamkeit des Publikums Ihnen zufliegt. Und damit das, was Sie sagen wollen, auf offene Ohren stößt. Sie erinnern sich doch an

die Formel von Professor Mehrabian: Der Inhalt unserer Rede bestimmt zu 7 Prozent unseren Erfolg, der Tonfall zu 38 Prozent; die Körpersprache und das Aussehen sind zu 55 Prozent entscheidend!

Stellen Sie sich bitte eine typische Auftrittssituation vor: Ein Vortragssaal mit zirka 100 Plätzen. Vorne ein Rednerpult mit Mikrophon. Die Zuhörer warten auf den Vortrag. Die Tür öffnet sich zögernd, herein kommt Rednerin A, den Rücken gebeugt, den Kopf zwischen die Schultern gezogen, den Blick auf die Auslegeware geheftet. Mit kleinen, hastigen Schritten geht sie zum Pult, stolpert fast über ein Kabel, zupft mit fahrigen Fingern ihre Manuskriptblätter zurecht. Dort, nach einem kurzen, ängstlichen Blick aufs Publikum, beginnt sie sofort, nervös am Seidentuch nestelnd, mit leiser Stimme, die Augen fest aufs Papier geheftet, ihre Rede zu verlesen. Und beachtet dabei gar nicht, daß die Unterhaltungen im Publikum noch gar nicht beendet sind.

Die Alternative: Rednerin B betritt den Raum. Sie öffnet die Tür weit und tritt – einige Sekunden verzögert – in den Saal. Mit ruhigen, sicheren Schritten geht sie langsam vor zum Rednerpult. Dabei schaut sie freundlich einzelne Zuhörer an, grüßt mit den Augen Bekannte. Ihr Rücken ist gerade, ihr Kopf aufgerichtet. Sie genießt diesen Auftritt. Mit jedem Schritt taucht sie tiefer ein in die Atmosphäre des Saals. Sie gewinnt Zeit, sich auf die Zuhörer einzustimmen, und diese gewinnen Zeit, die Vortragende wahrzunehmen. Am Pult angekommen, nimmt sie ihren Auftrittsort in Besitz, legt ihre Notizen zurecht, schaut noch einmal freundlich lächelnd ins Publikum, wartet, bis die letzten Gespräche verstummt sind, und beginnt dann konzentriert mit ihrem Vortrag.

Die Wahl, welche Rednerin/welcher Redner Sie sein möchten, dürfte nicht schwer fallen. Ich habe die beiden

Beispiele mit Absicht so extrem unterschiedlich beschrieben, um Ihnen deutlich zu machen, wie wir Wirkung erzielen. Das heißt, so wie wir auftreten, so wird die Resonanz auf uns und unsere Rede ausfallen. Denn: Ausdruck erzeugt Eindruck.

Nehmen Sie Haltung an

Eine bewußte Körperhaltung hat nichts mit militärischem Drill zu tun. »Der Körper spricht die Sprache des Herzens«, sagt Achim Hofmann, und spiegelt den Zustand, in dem wir uns befinden. Traurige oder verzagte Menschen erkennen wir an ihren hängenden Schultern, dem gesenkten Kopf, Aufregung zeigen sie durch ihre hastigen, ja fahrigen Bewegungen, sie ringen mit den Händen oder streichen sich immer wieder durchs Haar. Wütende oder wild entschlossene Menschen ballen die Faust.

In Momenten großen Glücks möchten Menschen am liebsten wie kleine Kinder herumhopsen. Als ich vor neun Jahren erfuhr, daß ich von der US-Regierung zu einem fünfwöchigen Studienaufenthalt in die Vereinigten Staaten eingeladen worden war (vorher war ich noch nie in Übersee), bin ich wie wild durch den Flur der Redaktion getanzt, am liebsten hätte ich ein Rad geschlagen.

Solche Freudenausbrüche sehen wir im täglichen Berufsleben selten. Vor allem Männer tun sich schwer, ihr Glück zu zeigen. Dabei könnten sie von Sportlern lernen: Andre Agassi wirft nach einem wichtigen gewonnenen Spiel vor Freude seinen Schläger hoch in die Luft und spurtet zum Netz. Fußballer wie Giovane Elber ziehen nach dem entscheidenden Tor ihre ganz persönliche Eckfahnenshow ab. Und die meisten Sportler sind sich auch nicht zu fein, bei großen Siegen oder Niederlagen zu weinen.

Ganz spannend zu beobachten: Solche Gefühlsregungen finden bei den Zuschauern Resonanz. Mir geht es selbst so: Sehe ich im Fernsehen Sportler, die sich wahnsinnig freuen, lächle ich automatisch mit. Sehe ich einen Sportler nach einer Niederlage weinen, werden auch mir die Augen feucht.

Menschen, bei denen diese Gefühlsregungen fehlen, sind uns oft unsympathisch oder gar unheimlich. Ein Tennisspieler, der Sieg oder Niederlage mit einem Pokerface hinnimmt, wird nie zum Publikumsliebling, das beste Beispiel dafür ist Ivan Lendl. Ein Politiker, der ohne Anzeichen jeglicher Anteilnahme aktuelle Ereignisse kommentiert, ist mir suspekt.

Im vorigen Kapitel habe ich anhand der Überzeugungssprache gezeigt, wie eng Verstand und Gefühl zusammenarbeiten. Dies gilt um so mehr bei der Körpersprache. Denn die können wir nur zu einem Teil steuern, das meiste geschieht unkontrolliert. Deshalb sollten wir wissen, welche Wirkung unsere Körpersprachebotschaften haben.

Die Art der Körperhaltung wird von drei Komponenten bestimmt: *Erdung, Lockerheit und Atmung.* Die richtige Erdung zu haben, heißt übertragen: den richtigen »Standpunkt« einzunehmen. (Ist es nicht toll, wie die Sprache diesen Zusammenhang deutlich macht?) Menschen, die Angst haben einen Standpunkt zu vertreten, erkennt man oft daran, daß sie von einem Fuß auf den anderen treten, hin und her laufen. Samy Molcho nennt das den Versuch, »aus der Schußlinie zu kommen«. Also denken Sie daran: Unser Gesicht können wir vielleicht noch kontrollieren – unsere Füße verraten uns. Sie zeigen wie die Wurzeln eines Baumes, wie fest wir

verankert sind. Das heißt nun aber nicht, daß Sie wie
»angewurzelt« eine Stunde lang starr an Ihrem Platz
stehen müssen. Manchmal bietet es sich an, etwas hin
und her zu gehen, zum Beispiel, um inhaltlich etwas von
verschiedenen Seiten zu beleuchten, um ein »Einerseits-
Andererseits« zu erläutern. Aber dies überzeugt nur,
wenn es wie selbstverständlich aussieht, es darf niemals
inszeniert wirken. Daß Sie bei einer Rede oder bei einem
Referat grundsätzlich stehen sollten, wissen Sie sicher.
Wer einen Standpunkt vertritt, sollte auch zu ihm stehen!
In einem Selbst-PR-Seminar in Köln war unter den
Teilnehmerinnen Gabi H., eine temperamentvolle Mana-
gerin, die selbst Workshops gibt. Die Präsentation ihres
Stärkenprofils trug sie professionell, dynamisch und
lebhaft vor. Das einzige, was mich und die anderen
Teilnehmerinnen total irritierte: Nach jeweils drei Sätzen
ging sie von einer Seite der Bühne zur anderen, sprach
von dort aus weiter. Dann ging es wieder zurück. Diese
Bewegung wirkte einstudiert und irgendwie künstlich. In
der Feedbackrunde erzählten die anderen Teilnehmerin-
nen von ihrer Irritation. Und es stellte sich heraus, daß
Gabi H. diese Art des »dynamischen Vortrags« in einem
Rhetorikseminar als »einzig richtigen Weg« gelernt hatte.
Also Vorsicht vor solchen Showelementen. Sie können
leicht vom Inhalt Ihrer Rede ablenken.
Denken Sie gerade zu Beginn einer Rede daran: Erst
kommt die Bewegung, dann das Sprechen. Das heißt:
Warten Sie mit den ersten Worten, bis Sie aufgestanden
sind, Ihren Platz am Mikrofon eingenommen haben, bis
Ihre Zuhörer ruhig sind. Sammeln Sie sich und fangen Sie
erst dann an zu reden.
Lockerheit ist der zweite Punkt, der unsere Körperhal-
tung bestimmt. Sie ist aber nicht mit Laschheit oder
Sichgehenlassen zu verwechseln. Lockerheit spüren Sie

im Bauch: ist er angespannt oder weich? Eine selbstbe-
wußte Haltung setzt einen lockeren Bauch voraus! Ich
habe selbst die Erfahrung gemacht: Wenn ich auf dieses
Signal achte, kann ich innerhalb von Sekunden meine
Haltung korrigieren. Es ist wirklich leicht, während der
Rede angespannte Bauchmuskeln zu spüren und sie
bewußt zu lockern. Sie werden sofort spüren, daß Ihre
Haltung sich verbessert und daß die Anspannung im
Körper nachläßt. Sie werden lockerer – körperlich und
geistig.

Das wirkt sich auch sofort auf die Atmung aus. Wer nicht
genug Luft bekommt, wird kurzatmig, muß nach Luft
schnappen, der Hals wird eng, der Körper verspannt
sich. Kurz: Die ganze Körperhaltung verändert sich
negativ. Ist aber der Bauch locker und läßt der Luft Platz,
dann kann der Atem tiefer in den Körper fließen. Sie
bekommen mehr Sauerstoff und damit ein besser
durchblutetes Gehirn. Ihre Stimme bekommt Kraft und
Klang. Ihr Brustkorb weitet sich. Die Schultern straffen
sich. Sie haben einfach den »längeren Atem«.

Achten Sie darauf, gerade zu stehen. Große Menschen
beobachte ich oft dabei, wie sie aus Gewohnheit
versuchen, sich kleiner zu machen. Sie stehen dann wie
ein lebendes Fragezeichen am Pult, kein schönes Bild.
(Damit Sie sich nicht bücken müssen, um ans Mikro zu
kommen, sollten Sie vorher die Anlage testen und
eventuell ein Ansteckmikro besorgen.) Ich selbst gehöre
eher zu den Kleinen im Lande. Aber seit ich mir
angewöhnt habe, sehr gerade zu stehen, werde ich oft bis
zu zehn Zentimeter größer geschätzt!

Noch ein Tip, um auch für die Rede an einem wie oben
beschriebenen Horrortag noch locker zu sein: Wenn die
Geschehnisse Sie wirklich mitgenommen haben, dann
könnte Ihnen helfen, die innere Anspannung offensiv

anzusprechen. Dies wird nicht in jedem Fall möglich sein. Aber vielleicht lassen sich ein paar Sätze humorvoll in die Rede einbauen. Etwa so: »Wie notwendig eine solche Organisationsreform ist, kann sich jeder vorstellen, der selbst zahlreiche berufliche und private Anforderungen organisieren muß. Ich darf Ihnen verraten – daß ich heute abend bei Ihnen bin, ist eine Organisationsarbeit der besonderen Art. Das Schicksal hatte sich mehrere kleine Fallgruben auf dem Weg hierher ausgedacht. Aber ich habe sie bewältigt, wie Sie sehen. Ich bin froh, hier vor Ihnen zu stehen.«

Denn wenn ich den Streß nicht mühsam unterdrücke, sondern ihn erwähne, löst sich die Anspannung, ich kann sogar ein wenig darüber lachen, und der Kopf wird frei für das, was ich sagen möchte. Ich kann mich voll auf meine Sache konzentrieren.

Bringen Sie etwas in Bewegung

Eine amerikanische Untersuchung hat gezeigt, daß Führungskräfte ihre Hände weniger und langsamer bewegen als der Durchschnittsmensch. Sie geben damit ihren Gesten mehr Ausdruckskraft. Oder mit den Worten einer amerikanischen Stripperin: »Alles, was gut getan werden soll, sollte langsam getan werden.« Achten Sie also darauf, daß Sie Ihre Handbewegungen gezielt einsetzen. Frauen bewegen beim Reden ihre Hände übrigens wesentlich intensiver als Männer und gelten deshalb oft als hektisch, unsicher und unprofessionell. Rednerinnen sollten das einkalkulieren.

Durch gezielte, ruhige Gesten können Sie dagegen die Aufmerksamkeit Ihrer Zuhörer/innen nach Ihren Wünschen führen. Geste schlägt Sprache, könnte man es kurz fassen. Oder wie es Samy Molcho ausdrückt: »Worte sind nur eine Absichtserklärung, Körpersprache ist, was du tust.« Der Körper sendet Signale aus, positive oder negative. Und unsere Zuhörer/innen reagieren auf das, was sie sehen.

Das heißt: Mit Gesten können Sie auch ganz bewußt die Augen und die Aufmerksamkeit Ihrer Zuhörer einfangen und leiten. Sie können Vorschläge in der offenen Hand darbieten. Sie können auf die Zahlen auf Ihrem Flipchart weisen. Sie können aufzeigen, daß diese Neuerung für alle Vorteile bringen wird. Sie können sich beispielsweise durch Gesten breiter machen, mehr Raum einnehmen. Das bedeutet, Sie beanspruchen Aufmerksamkeit und Bestimmungsrecht.

Frauen, die sich gern klein und schmal machen, rate ich zu einer Raumgreifübung: Suchen Sie sich einen freien Platz, breiten Sie die Arme weit aus und drehen Sie sich um die eigene Achse. Kosten Sie den ganzen Raum Ihrer Armspanne aus. Dieser ganze Platz gehört Ihnen. Es fühlt sich gut an, Raum einzunehmen!

Unsere Sprache hat viele Assoziationen, die mit Händen, Armen und Bewegung zu tun haben: »etwas begreifen«, »etwas nicht fassen können«, »Fingerspitzengefühl«, »ein Händchen haben« »etwas bewegen« oder »zupackend reden«.

Vielleicht sind Sie noch zu schüchtern, »große Gesten« zu benutzen, zu scheu, Raum einzunehmen, sich selbst darzustellen. Eine kleine Hilfe: Erinnern Sie sich an eine Situation, in der Sie sich besonders gut gefühlt haben – ein Vortrag, eine Rede, ein Gespräch. Schließen Sie die Augen und empfinden Sie diesen »Moment of excellence« nach – wie standen Sie, wie haben Sie sich bewegt? Machen Sie diese Übung ruhig einmal vor einem großen Spiegel. Wenn Sie wieder ganz in diesem tollen Gefühl sind, öffnen Sie die Augen, achten Sie auf Ihre Haltung und sprechen Sie laut zu Ihrem Spiegelbild. Achten Sie dabei darauf, wie Ihre Hände das, was Sie sagen, unterstreichen. Nehmen Sie diesen Mut zur Geste in Ihren nächsten Auftritt mit. Das ist allemal besser, als sich verzweifelt an Pult oder Karteikarten festzuhalten.

Die oben zitierte amerikanische Untersuchung, die ich in der US-Cosmopolitan fand, hat übrigens ergeben, daß asymmetrische Bewegungen ebenfalls für Kraft und Führungsqualität sprechen. Probieren Sie es doch einmal aus: Schieben Sie eine Schulter vor und heben Sie nur auf dieser Seite die Hand, wenn Sie sprechen. Diese Geste wirkt souverän und bestimmend, ja sie kann eine beschwörende Wirkung haben.

Vorsicht vor dem spitzen Zeigefinger. Sie kennen vielleicht auch solche Redner, die Ihren Zeigefinger während der Rede in die Luft bohren, ja fast auf die Zuhörer zielen. Politiker nutzen den Zeigefinger oft. Diese Geste wirkt sehr dominant und autoritär und löst in vielen Zuhörer/innen Assoziationen mit dem strafenden Vater oder Lehrer aus. Wollen Sie Sympathie und Verständnis für Ihre Sache erzeugen, lassen Sie diesen Zeigefinger lieber weg...

Vielleicht kennen Sie die Figur des Inspektor Columbo aus der gleichnamigen Fernsehserie. Peter Falk spielt diesen vermeintlich total zerstreuten Inspektor mit umwerfendem Charme. Erinnern Sie sich an seine typische Geste? Die linke Hand täppisch in die Hüfte gestemmt, die Stirn sorgenvoll in die Hand gestützt, stellt er seine vermeintlich dummen Fragen. Seine Opfer glauben: »Was für ein dusseliger Kerl.« Wenn sie seine Körpersprache beachten würden, nähmen sie sich mehr in acht: Die Hand in der Hüfte weist auf Angriffslust, die Denkerpose deutet auf intensives Überlegen. Kein Wunder, daß er jeden Fall löst.

Üben Sie doch einmal vor dem Spiegel die Columbo-Pose. Wie sehen Sie aus? Wie fühlen Sie sich dabei? Variieren Sie die Pose, probieren Sie sich aus. Setzen Sie dabei beide Hände ein. Wie nimmt man Ihnen ab, daß Sie

- empört sind,
- nachdenken,
- sich freuen,
- von einer Sache überzeugt sind,
- jemanden loben?

Bewegung und Gefühl – das gehört auch beim Reden zusammen. Der englische Verhaltensforscher Desmond Morris hat mal geschrieben: »Je freier man seine Körpersprache einsetzt, je mehr ist man auch bereit, seine Gefühlslage preiszugeben.«
Üben Sie, beim Reden Ihre Hände sprechen zu lassen, das heißt, malen Sie Bilder mit ihnen – langsam und unterstreichend. Das funktioniert natürlich nur, wenn Sie auch Bilder im Kopf haben. Wie das geht, habe ich ja im letzten Kapitel beschrieben. Wenn Sie als »Hand-maler/in« noch nicht sicher sind, dann probieren Sie solche unterstreichenden Gesten vorsichtig aus, vor dem Spiegel, im Training mit Freund/innen, in alltäglichen Gesprächen. Beobachten Sie dabei mal, wohin die Blicke Ihrer Gegenüber wandern. Noch ein Hinweis: Die offene Hand gilt immer als Angebot. Sie zeigen, daß Sie bereit sind zum Nehmen und zum Geben – von Ideen, Meinungen und Kritik. Die offene Hand ist also ein klassischer »Sympathieträger« in der Körpersprache.
Achten Sie einmal bei anderen Rednern auf klassische Körpersprachegesten. Es gibt so ein paar Standardbe-wegungen, die immer wieder vorkommen. Samy Molcho hat sie folgendermaßen erklärt:

Spitzdach

Die Fingerspitzen beider Hände liegen aneinander und die Hände bilden ein Dach. Die Spitze richtet sich gegen den Zuhörer. Wie die Spitze eines Visiers soll sie Feinde abhalten. Diese Geste gilt als Verteidigungszeichen.

Händereiben

Die Hände werden wie zum Waschen aneinandergerieben. Diese Geste gilt einerseits als Zeichen von Selbstgefälligkeit, kann andererseits aber auch auf ein Ringen nach Worten hinweisen.

Gebetshaltung

Die Hände sind wie zum Gebet gefaltet. Auf der einen Seite hat diese Geste etwas Beschwörendes. Andererseits zeigt sie, vor allem wenn die Knöchel schon vor Anspannung weiß werden, mangelnde Selbstsicherheit, ja Angst.

Stachelschwein

Die Hände sind verschränkt, die Finger stehen wie Stacheln nach vorne ab. Diese Geste gilt als Zeichen von Abwehr und Angst.

Pistole

Die Hände sind wie zum Gebet verschränkt, nur die Zeigefinger stehen wie eine »Pistole« vor. Dies ist eine klare Geste der Abwehr, ja der Drohung.

Nasezupfen

Eine weitere typische Geste von Rednern ist der Griff an die Nase. Während er bei den Jägern der Vorzeit wohl noch zum Wittern von Tieren diente, bedeutet er heute, daß der Redner Streß hat oder verlegen ist.

Ohrenzupfen
Auch der Griff ans Ohr zeugt von Verlegenheit.

Brillerücken
Wer sich die Brille zurechtrückt, möchte sich Klarheit verschaffen. Wirkt aber auch leicht nervös.

Kopfkratzen
Wer sich beim Reden ausgiebig am Kopf kratzt, möchte wohl seinen Kopf, sprich seine Gedanken in Ordnung bringen.

Züngeln
Diese Geste zeigt höchste Konzentration. Kann aber auch signalisieren: »Ich will das Gesagte wegwischen.«

Haaredrehen
Wer ständig seine Haarsträhnen oder gar seine Schnurr-barten den zwirbelt, gilt als jemand, der die Fassung bewahren oder die Situation kontrollieren will.

Nesteln
Wer am Jackenrevers zupft, Tücher und Krawatten zurechtrückt, an Schmuck oder Uhren herumspielt, will etwas Lästiges loswerden.

Arme verschränken
Dies hat, so meine ich, zwei Bedeutungen: Während es meistens als Abwehrhaltung gedeutet wird, glaube ich eher, daß es oft einfach Abwarten signalisiert: »Ich möchte jetzt nicht handeln.«

Auf solche Gesten zu achten, sollte aber nicht dazu führen, sich zu kontrollieren. Die Beobachtung soll eher helfen, sich selbst zu verstehen: Wie geht es mir in einer solchen Situation?

Statt die Bewegungen verstandesmäßig kontrollieren zu wollen, ist es besser sie auszusprechen, damit Zuhörer unsere Gesten deuten können und wir keine »doppelten Botschaften« senden. Denn Sie wissen ja: Körpersprache überlagert Sprache. Im Zweifel traut das Publikum der Körpersprache mehr als unseren Worten. Dies beobachte ich auch immer wieder in meinen Seminaren oder Einzelcoachings.

Ein Beispiel: Eine Unternehmensberaterin, die ich coache, übt eine Kurzpräsentation vor Kunden in meinem Büro. Sie erarbeitet ihr Stärkenprofil und soll es jetzt in freier Rede präsentieren. Sie entwertet die Ausführung ihrer beruflichen Stärken mit Kleinmacher-wörtern wie »ein bißchen«, »ganz gut«, »ziemlich«, »eigentlich«. Ich mache Sie auf diese Weichmacher aufmerksam, sie versteht und probiert es erneut. Sprachlich bringt sie jetzt ihre Fähigkeiten, Erfahrungen und Erfolge klar zum Ausdruck. Aber was tut ihr Körper? Während sie die Vorzüge ihrer Unternehmens-beratung preist, muß ich die ganze Zeit nur auf ihre Gestik achten: Ihre Beine sind fest verschlungen, sie steht auf den Innenkanten ihrer Füße. Die Arme sind verschränkt. Die rechte Hand nestelt an ihrer Perlenket-te. Als ich sie anschließend auf ihre Körpersprache aufmerksam mache, hat sie keine Ahnung, wovon ich rede – sie selbst hat ihre Verrenkung überhaupt nicht wahrgenommen. Erst als ich sie bitte, sich noch einmal so hinzustellen, wie ich es beobachtet habe, fällt ihr auf, wie »klein« sich ihr Körper macht, wie wenig Erdung sie hat und wie verkrampft sie dasteht. Wir analysieren den Vorgang: Sie hat sich zwar bemüht nach dem Motto »Eigenlob stimmt«, ihre Vorzüge als Beraterin zu preisen, aber weil sie selbst nicht daran glaubt, hat ihr Körper sie verraten.

Es gibt noch eine ganze Reihe Sabotagetricks, mit denen unser Körper vom Inhalt unserer Rede ablenkt: Die Finger spielen unaufhörlich mit dem Kugelschreiber. Manuskriptseiten werden gefaltet – und die Kante mit Daumen und Zeigefinger immer wieder glattgestrichen –, Frauen drehen an Ringen oder Armreifen, klimpern mit Ohrringen. Vor einiger Zeit sah ich den Moderator Friedrich Küppersbusch als Gast in »Talk im Turm«. Er gehört offensichtlich zur Riege der nervösen Büroklammerverbieger. Die Kamera hielt auch gnadenlos drauf. Vorsicht, wenn diese Angewohnheiten den Inhalt dessen, was wir sagen, ganz einfach schluckt.

Ansonsten: Haben Sie ruhig Mut zur Macke! Warum sollten Sie nicht eine harmlose »typische Handbewegung« wie Columbo haben? Oder wie Erich Böhme, der berühmteste Brillenschwenker des deutschen Fernsehens? Es muß ja nicht gleich so weit führen wie bei meinem alten Biologielehrer. Der wackelte während des Unterrichts fortwährend mit dem rechten Knie. Es hat mich als Schülerin wahnsinnig gemacht. Solche »Übersprungshandlungen«, also Handlungen, die Spannung abbauen sollen, können Zuhörer/innen arg ablenken!

Noch ein Tip zum Thema Gesten: Vorsicht vor Gesten, die absichtlich eingesetzt werden, zum Beispiel das Vogelzeigen oder das Zeichen, mit dem wir ein besonders leckeres Essen auszeichnen – der Kreis aus Daumen und Zeigefinger. In anderen Ländern haben diese Gesten oft andere, meist sehr obszöne Bedeutungen. Das gilt auch für das berühmte Victory-Zeichen, als dessen Urheber Churchill gilt. Machen Sie das V-Zeichen aus Zeige- und Mittelfinger mit der Innenseite der Hand zum Gegenüber, bedeutet es tatsächlich ein siegessicheres »Victory«.

144

Zeigen Sie es aber mit der Außenseite zum Gegenüber, heißt es, zumindest in Großbritannien: »Fuck off.« Also schön vorsichtig!

Machen Sie gute Miene zum Spiel

Das subtilste der drei Körperspracheelemente ist die Mimik, also der Gesichtsausdruck. Über die Wirkung eines freundlichen Lächelns habe ich ja schon geschrieben. Bitte denken Sie daran: Ein Pokerface wirkt auf die Mehrheit ihrer Zuhörer/innen abstoßend. Samy Molcho sagt dazu: »Das Publikum vermutet, Sie haben etwas zu verstecken. Nur das lebendige Gesicht kommt an.«

Wenn Körpersprache die Sprache des Herzens ist, dann ist der Gesichtsausdruck die offene Tür zu unseren Gefühlen. Im Gesicht spiegeln sich alle Reaktionen: Freude, Ärger, Arroganz, Angst, Unmut, Langeweile, Begeisterung, Mitgefühl, Stolz ... Und das ist gut so, denn mit Ihren eigenen Gefühlsausdrücken erzeugen Sie bei Ihrem Gegenüber ebenfalls eine emotionale Resonanz.

Vor einiger Zeit half ich einem Vorstand, seine Rede vor einer Hauptversammlung zu schreiben und einzustudieren. »Es ist besser, am Anfang, also die ersten paar Minuten, nicht ins Publikum zu schauen, nicht wahr?« fragte er mich. Auf meine Frage nach dem Grund antwortete er: »Dann läßt man sich nicht so leicht verunsichern, hat mir jemand gesagt.« Nein, diese Regel halte ich für falsch! Wenn Sie die ersten Minuten starr auf Ihre Zettel schauen, verlieren Sie! Sie verlieren die Aufmerksamkeit Ihrer Zuhörer/innen – und Sie verlieren Ihre Sympathie.

Geben Sie zu Beginn Ihrer Rede den Zuhörer/innen die

Gelegenheit, Sie anzuschauen. Warten Sie deshalb am Pult, bis sich die Unruhe im Saal gelegt hat, bis alle Blicke bei Ihnen sind. Schauen Sie nach rechts und links – so zeigen Sie gleich einmal Profil. Allein, wie Sie Ihren Kopf halten, zeigt Selbstbewußtsein und Engagement. Strecken Sie Ihren Hals zu seiner vollen Länge aus, vielleicht hilft Ihnen dabei ein kleiner Gedankentrick: Stellen Sie sich vor, am höchsten Scheitelpunkt Ihres Kopfes ist ein Fädchen angebracht und das zieht Sie nach oben.

Ihr Kinn sollte sich in mittlerer Höhe befinden – recken Sie es zu hoch, wirkt das leicht arrogant oder dominant (und außerdem bekommen Sie Rückenschmerzen). Lassen Sie es zu tief hängen, wirkt das geduckt oder ängstlich.

Haben Sie schon einmal im Spiegel Ihr Gesicht genau angeguckt? Wie sehen Sie aus, wenn Sie herzlich lachen? Wenn Sie lächeln? Ich habe zum Beispiel eine richtig »unverschämte Lache«. Sie ist sehr ansteckend, und ich mag sie gern. Aber wenn ich dabei fotografiert werde, sieht man vor allem den weit aufgerissenen Mund. (Deshalb bemühe ich mich, auf Fotos lediglich zu lächeln.)

Manche tragen statt eines Lächelns das sogenannte »Furchtgrinsen« der Säugetiere im Gesicht. Bestes Beispiel: Lothar Matthäus, der Fußballspieler von Bayern München, der es immer wieder schafft, sich seine Mitspieler zu Feinden zu machen. Ich habe ihn in vielen Interviews beobachtet und festgestellt: Wenn er versucht zu lächeln oder zu lachen, dann wirkt das wie ein abschreckendes Zähneblecken. Als wollte er sagen: Kommt mir ja nicht zu nahe, reizt mich nicht. Von Fröhlichkeit ist bei diesem Pseudolachen keine Spur.

Erkunden Sie im Spiegel auch einmal, wie Sie aussehen,

wenn Sie sich sehr konzentrieren. Wenn jemand angespannt die Stirne furcht, kann das bei anderen als unfreundlich, abweisend oder gar ärgerlich wirken. Wenn jemand sehr nervös vor einem Auftritt ist und versucht, sich zusammenzureißen, kann dies bei anderen als Arroganz oder Interesselosigkeit mißdeutet werden. Benutzen Sie eine Lesebrille? Vorsicht, wenn Sie über deren Rand ins Publikum schauen – dieser Blick wirkt oft streng und kritisch.

So wichtig es auch ist, die Wirkung des Gesichtsausdrucks zu studieren – versuchen Sie gar nicht erst, Ihre Mimik zu »kontrollieren«. Es gibt, glaube ich, über 10000 Kombinationen unserer Gesichtsmuskulatur. Sie können unmöglich jeden einzelnen Muskel unter Kontrolle halten, irgendwann wird Ihr Gesicht »entgleisen«. Viel besser ist es, Gefühle, die sich auf Ihrem Gesicht widerspiegeln können, zu benennen. So daß Ihre Zuhörer/innen Ihre Körpersprache richtig »lesen« können und die Kongruenz zu Ihren Aussagen erkennen. Dann wirken Sie überzeugend!

Dress for Profession

Wie Kleider Leute machen

Soll ich Ihnen das Geheimnis des gelungenen Outfits für einen öffentlichen Auftritt verraten? Okay: Suchen Sie Ihre Garderobe mit allergrößter Sorgfalt aus – und vergessen Sie dann sofort, was Sie überhaupt tragen!

Über die Wichtigkeit unserer äußeren Erscheinung brauchen wir nicht mehr zu diskutieren. Das haben auch die letzten Lässig-Breitkord-Hosen-Träger akzeptiert (sie tragen sie vielleicht trotzdem weiter – aber ihrer Wirkung bewußt!). Jawohl, Kleider machen Leute, deutlicher ausgedrückt: Unsere Kleidung bestimmt zu einem großen Teil den ersten Eindruck, den wir auf andere machen. Denn was sehen denn die anderen Menschen als erstes von uns – unsere Intelligenz? Unseren Doktortitel? Unsere Fähigkeiten? Unser Einfühlungsvermögen? Nein, die Klamotten.

Auf den zehn Schritten zum Rednerpult, bevor wir das erste Wort gesagt haben, bevor wir das Publikum mit unserem ersten Lächeln bezaubert haben, haben wir schon unsere Visitenkarte abgegeben: mit der Wahl des Anzugs oder des Kostüms, mit der Wahl der Schuhe und sogar der Socken!

Mausgrau oder extrovertiert? High Heels oder Todds? Budapester oder Slipper? Blickdicht oder Spitze? Während wir noch überlegen, wie wir einen guten Eindruck machen können, haben sich die anderen längst ein Bild von uns gemacht.

Denn nicht mehr als drei bis vier Sekunden braucht ein Mensch, um einen anderen einzuschätzen und schon stecken wir in irgendeiner Schublade. Zirka 30 Sekunden haben wir dann, um die Sortierung noch einmal zu ändern – durch unsere Stimme, unsere Körpersprache, unseren Blick. Danach wird es ganz schön schwierig.

Drei bis vier Sekunden, das ist die Zeitspanne, in der unsere Vorfahren zu Urzeiten bei jeder Begegnung abschätzen konnten: Freund oder Feind? Flucht oder Kampf? Haue ich ihm meine Keule über die Rübe oder strecke ich einem Gleichgesinnten die Hand zum Gruß aus? Diese Urprogrammierung war ein Lebenserhaltungstrieb. Und diese Programmierung greift noch heute: Freund oder Feind? Mag ich den? Mag ich die? Wir alle nehmen bei einer Begegnung in Sekundenschnelle die Erscheinung und Ausstrahlung der anderen wahr und ordnen sie gemäß unserer eigenen Erfahrungen, unserer Eindrücke und Informationen ein.

Bei der One-to-One-Begegnung spielen für Sympathie oder Antipathie der Gesichtsausdruck und die Gestik eine besondere Rolle. Wir können uns als Freund zeigen, wenn wir den anderen offen anblicken, freundlich lächeln, ihm unsere Hände offen entgegenstrecken. Diese Mittel verlieren an Wirkung, wenn wir in einem großen Saal zum Rednerpult gehen: Indem wir die drei Stufen zur Bühne hinaufsteigen oder durch den Mittelgang zum Pult gehen, wenden wir meistens den Zuhörern erst einmal kurz den Rücken zu. Den ersten Eindruck machten also in der Regel Rücken und Hinterteil.

Auch wenn wir dann offen und freundlich lächelnd am Pult stehen, sehen die in der letzten Reihe eher die gesamte Persönlichkeit als unser nettes Lächeln. Wenn wir also am Anfang einer Rede oder eines Vortrags durch unsere ganze Erscheinung Eindruck machen, was fällt da als erstes auf? Die äußere Hülle, also unsere Kleidung. Ob wir das toll finden oder nicht.

»Wir wirken durch unsere Kleidung auf irgendeine Weise immer!« Das hat mir die Münchner Farb- und Stilberaterin Renate Weiss-Kochs sehr anschaulich klargemacht. Dabei hatte sie es nicht leicht mit mir. Ich gehöre der Generation an, die es nicht wahrhaben wollte, daß unser Äußeres einen Einfluß hat, ja haben darf! Das kann doch nicht wahr sein, daß ein Mensch nur nach seinem Äußeren beurteilt wird. Ich bin doch in Jeans und Pulli kein anderer Mensch als in Armani und Chanel? Wo bleibt da die Chancengleichheit?

Ich habe meine Meinung dazu revidieren müssen. Abgesehen von meinem Glaubenssatz, daß alle Menschen gleich (viel wert) sind und daß jeder die gleichen Chancen erhalten sollte, habe ich eingesehen, daß unsere Gesellschaft anders »tickt«. Natürlich werde ich kein anderer Mensch durch teure Klamotten, aber einiges sehe ich heute anders: Ich weiß, daß ich von anderen auch aufgrund meiner Kleidung eingeschätzt werde. Ich akzeptiere, daß ich mit Kleidung Signale setzen kann. Ich bestimme immer noch, was ich anziehe und was ich damit signalisieren will. Aber ich weiß, es hat Wirkung.

Und ich gebe auch zu: Ich selbst fühle mich anders, je nachdem, was ich anziehe. Ich fühle mich sauwohl in meiner schwarzen Jeans, meinem hellblauen Schlabberpulli und den Mokassins, und genauso sitze ich vor dem Computer und schreibe eben diese Zeilen. Weil es mir auf Bequemlichkeit ankommt. Weil ich meine ganze Konzentration fürs Schreiben brauche. Aber genauso selbstverständlich greife ich inzwischen bei wichtigen Geschäftsterminen zu meinem besten Kostüm.

Dieses Kostüm ist für mich selbst das Zeichen, daß ich verstanden habe. Ich habe es mir vor zwei Jahren während eines Urlaubs auf Capri nähen lassen. Der Anlaß: Zum allerersten Mal wollte mich eine Headhunterin treffen und über eine sehr attraktive leitende Position mit mir sprechen. Ich wußte, für dieses Treffen brauche ich etwas ganz Neues zum Anziehen. Meine alten »Hüllen« paßten nicht mehr. Ich hatte immer mehr auf Zweckmäßigkeit und auf den Preis geachtet, als auf den Stil. Mir fehlte eine gewisse Großzügigkeit Kleidung gegenüber, Ursachen habe ich Ihnen oben geschildert.

Aber nun wußte ich: Wenn ich mich für diese Chefposition interessiere, dann muß ich das auch nach außen zeigen. Anderen hatte ich diese Weisheit in meinen Seminaren und Coachings schon lange vermittelt, nur für mich selbst hatte ich es noch nicht umgesetzt.

Also nun diese Chance, diese Herausforderung. Ich fand nichts passendes, bis mich eine Geschäftsfrau auf den Gedanken brachte, mir ein Kostüm nähen zu lassen, genauso wie ich es mir vorstellte. Drei Tage später hatte ich meinen Traum an: Feinster Wollstoff, mit vielen kleinen Goldknöpfen, auf den Leib geschneidert, royalblau – Sie wissen, so ein Yves-Klein-Blau, das einen süchtig macht.

Als ich mich im Spiegel betrachtete, wußte ich: Hier steht ein neuer Mensch. Das Äußere hat die innere Entwicklung endlich eingeholt. Die äußere Hülle zeigt die innere Verfassung. Hier steht eine Frau, die weiß, wer sie ist und was sie will. Ich zeige aber auch, wie mich die anderen sehen sollen: selbstbewußt, professionell, erfolgreich, mutig.

Übrigens, das mit der Stelle klappte nicht. Aber das lag nicht an meinem Kostüm, sondern weil es nicht mein Weg war. An der Liebe zu meinem Kostüm hat es nichts geändert. Ich ziehe es heute von Zeit zu Zeit an, wenn ich es brauche. Weil ich mich besonders gut darin fühle, oder weil ich einen wichtigen Termin habe. Ich ziehe es an, wenn ich einem Fremden signalisieren will, hier kommt eine erfolgreiche Frau, die weiß, was sie will. Und ich ziehe es besonders gern bei einem öffentlichen Auftritt an, bei Vorträgen, auf Kongressen, natürlich auf der Buchmesse.

Renate Weiss-Kochs Kommentar dazu: »Einer grauen Maus wird einfach weniger zugetraut als jemandem, der bereits nach Erfolg aussieht. Auch wenn wir das vielleicht unfair finden, ist es nicht klüger, dieses Wissen zu nutzen? Ist der erste Eindruck positiv, wird uns Wohlwollen, ein Bonus entgegengebracht. Die andere Person fühlt sich bei einer gleichgesinnten einfach entspannter, friedlicher. Warum also Energie verschwenden?«

Matthias Hartig, Professor für Kommunikationswissenschaften in Paderborn, geht sogar noch weiter: »Nur wer es versteht, mit seiner Kleidung offensiv zu kommunizieren, hat künftig eine Chance, auf der Bühne des Lebens mitzuspielen.« In einem Interview mit der Zeitschrift »Elle« sagte er: »Wer die gesellschaftliche Bühne betritt, muß sich anders verhalten, anders sprechen, sich anders darstellen. Auffälliges Styling verbessert den Gesamteindruck einer Person gewaltig. Heute gilt: Mehr ist besser als zuwenig.«

Erinnern Sie sich an die Untersuchung des amerikanischen Professors Mehrabian, die ich in der Einleitung zitiert habe? Über 90 Prozent unserer Wirkung erzielen wir mit Stimme, Körpersprache und eben Aussehen. Warum also nicht klug vorgehen, den äußeren Eindruck so gestalten, wie wir ihn möchten?

Natürlich ersetzt ein schicker Zweireiher oder ein teures

Busineßkostüm nicht Fähigkeiten und Kompetenz. Ein Redner, der nur Blödsinn von sich gibt, verspielt irgendwann den Bonus des guten Armani-Eindrucks. Das Äußere muß im Einklang mit unserer Persönlichkeit, unserer Position, unserem Ziel stehen. Eine Persönlichkeit kann man nicht stylen, aber man kann sie mit einem geschickten Styling zum Ausdruck bringen!

Und noch etwas kommt hinzu: Mit unserer Erscheinung drücken wir aus, wie wichtig oder wie unwichtig wir uns selbst empfinden und lösen damit ein Echo bei anderen aus. Aber: Zeigen wir nicht auch unsere Wertschätzung anderen gegenüber, unseren Respekt dem Veranstalter, der uns zum Vortrag eingeladen hat, dem Publikum gegenüber, dem wir etwas präsentieren wollen?

Renate Weiss-Kochs vergleicht den Vorgang des bewußt gewählten Äußeren mit einer positiven Spirale:

- Wir sehen besser aus,
- wir fühlen uns besser,
- wir strahlen mehr Sicherheit und Kompetenz aus,
- wir haben mehr Erfolg,
- wir fühlen uns besser
- und so weiter.

Nun hat nicht jeder Lust, sich modisch stets auf dem Laufenden zu halten, und manchen fehlt auch einfach das Geschick. Dazu kommt: Nicht immer stimmen Selbstwahrnehmung und Fremdwahrnehmung überein: Was wir vielleicht als edel und klassisch empfinden, wirkt auf andere langweilig und bieder. Was wir als lässig empfinden, wirkt auf andere vielleicht nur nachlässig oder ruft vielleicht sogar den Gedanken an die Altkleidersammlung hervor.

Auch wenn die meisten von uns ganz instinktiv wissen,

was ihnen am besten steht, worin sie sich wirklich wohl fühlen, sind wir auch nicht vor Fehlgriffen gefeit: Das Rüschenkleid war wirklich preiswert, aber zur wichtigen Präsentation vor Kunden? Glücklich, wer bei solchen modischen Unsicherheiten einen Berater daheim hat, eine gute Freundin oder einen guten Freund, bei denen man sich vor einem Auftritt Rat holen kann.

Eine andere Möglichkeit ist die Beratung durch einen Profi. Mit Hilfe einer professionellen Beratung können wir herausfinden, was mit unserem neuen Anzug, dem neuen Kleid nicht »stimmt«, warum wir manche Sachen andauernd und andere nur mit Magengrummen anziehen mögen. Die Gründe dafür können gute Fachleute benennen.

»Natürlich wehren wir uns manchmal dagegen, unser Äußeres zu verändern. Wir wollen nicht in Schablonen oder Schubladen gepreßt werden und erst recht nicht wie geklont herumlaufen. Das hat aber mit einer wirklich professionellen Beratung nichts zu tun.« So Renate Weiss-Kochs.

Bei der modischen Bestandsaufnahme können Sie herausfinden:

- Wie möchte ich wirken?
- Was hilft mir dabei?
- In welchen Sachen komme ich besonders gut an?
- Worin fühle ich mich am wohlsten?
- Wie passen die Sachen in meinem Kleiderschrank dazu?
- Was brauche ich neu?

Grundlage aller Beratung ist meist die Erkenntnis über den Zusammenhang von Farbtyp und individueller Farbwahl, die der Künstler und Kunsterzieher Johannes

Itten bei seinen Studenten feststellte. Danach hat jeder Mensch von Natur aus eine natürliche Farbgebung. Diese natürliche Farbgebung setzt sich aus Hautfarbe, Haarfarbe und Augenfarbe zusammen. Sie kann sehr intensiv, aber auch sehr sanft sein.

Die Farbe der Haut beispielsweise setzt sich aus Karotin, Hämoglobin (roter Blutfarbstoff) und Melanin zusammen. Je nachdem, welcher Anteil dominiert, kann die Haut einen gelblichen, bläulichen, rötlichen oder goldenen Unterton haben. Augenfarben werden unterschieden nach »kaltem« Pigmentierungstyp, z. B. Grau, Blau, Graugrün, Braun, oder »warmem« Pigmentierungstyp, z. B. Türkis, Grün, Olivgrün, Goldbraun. Die Gesamterscheinung (Teint, Augen, Haare) wird also entweder mit kalten oder warmen Farben zur Geltung gebracht.

Ebenso bedeutsam ist es zu wissen, welche Farben getragen werden können, ohne den eigenen Typ zu überstrahlen. Beispiel: Strahlt das Outfit intensiver als die natürlichen Farben der Person, ist es fast unmöglich, Augenkontakt zu halten. Der Blick wird immer wieder von der zu intensiven Farbe angezogen.

Die meisten Menschen, das hat Renate Weiss-Kochs festgestellt, »wissen instinktiv, was ihnen am besten steht, mit welchen Farben sie am besten zur Geltung kommen und sich auch wohl fühlen. Aber wir lassen uns immer wieder vom eigenen Weg abbringen. Wir folgen Modetrends, wollen uns anpassen, nicht auffallen, fühlen uns nicht sicher genug oder übernehmen den Geschmack anderer Personen.«

Das geschieht besonders häufig in Umgebungen, die einen bestimmten »Dress-Code« vorgeben. In konservativen Banken zum Beispiel, wo das klassische Blaugrau dominiert. Oder auch in kreativen Berufen, wo die Farbe Schwarz seit Jahren angesagt ist.

Ich selbst bin da schon durch einige Irrwege gegangen. Ich hatte das Gefühl, mich Kolleginnen in ihren schicken schwarzen Armani-Kostümen und schwarzen Prada-Jacken anpassen zu müssen. Ich kam mir wie ein Paradiesvogel vor in meinen pinkfarbenen Blazern oder blauen Blusen, ich hatte keine Lust mehr, immer aus der schwarzen Uniformierung herauszustechen.

Einen Winter lang griff ich also nur noch zu schwarzen Hosen, Röcken und Oberteilen. Bis ich merkte: Wenn ich schwarz trage, fühle ich mich nicht avantgardistisch, sondern so, als käme ich gerade von einer Beerdigung. Die Farbe schlägt mir aufs Gemüt. Ich sehe darin nicht kreativ aus, sondern wie: »Is wat mit Omma?« Und als mich endlich eine Kollegin darauf ansprach: »Warum trägst du denn gar nicht mehr deine schönen Farben?«, schmiß ich die meisten schwarzen Feudel in die hinterste Ecke meines Kleiderschranks. Und freue mich jetzt wieder an Pink und Blau, Rot und Grün – mit einem Schuß Schwarz.

Was mir der Anpassungsdruck gebracht hatte: Ich hatte meine »Einzigartigkeit« verloren. Ich wollte so aussehen wie die anderen, nahm mir andere zum Vorbild, wollte ein bestimmtes »Image« verkörpern, ließ mich von meinen Farben abbringen, war verunsichert – und äußerlich nicht mehr ich selbst.

Renate Weiss-Kochs nahm sich einen ganzen Tag Zeit, mir den Glauben an »meine« Farben wiederzugeben. Sie zeigte mir vor einem Spiegel mit Hilfe unzähliger Farbtücher ganz genau, welche Farben meinen Teint, meine Augen betonen oder überdecken. Ich verstand, warum ich manche Sachen nur anziehen mochte, wenn ich gut geschminkt war oder braungebrannt. Warum ich mich in manchen Sachen (zum Beispiel in Gelb) beschissen fühle, in Apricot aussehe, als wäre ich gerade aus der Isar gezogen worden und in anderen Farben (schlammgrün) Komplimente über mein gutes Aussehen einstecke.

Ich lernte, warum mir mein blaues Kostüm auch in den schwierigsten Verhandlungen Schutz bietet (Blau ist eine Schutzfarbe) und warum ich es manchmal besser nicht anziehen sollte (wenn es um Nähe geht). Sie stellte fest, daß ich ein verstärkter Sommertyp bin, das heißt, alle dunklen, satten Farben sehr gut tragen kann. Sie vertrat aber auch deutlich den Standpunkt: »Es gibt kein Farbverbot. Sie können alle Farben tragen, nach denen Ihnen zumute ist. Sie sollten nur wissen, wie sie wirken! Und ob Sie diese Wirkung möchten.«

Bei ihrer Beratung ging es aber um mehr als Farben. Sie zeigte mir zum Beispiel, warum ich Ärmel besser kürzen lassen sollte, als sie wie meistens faul einfach umzuschlagen: 1. Die Umschläge ziehen den Blick auf die Hüften. 2. Die Kleidungsstücke wirken, als gehörten sie uns nicht wirklich.

Vor dem Spiegel zeigte sie mir, daß gutes Aussehen voraussetzt, daß wir uns mit unseren Proportionen beschäftigen. Die Augen eines Menschen wandern von links nach rechts und von oben nach unten, sie nehmen also Querlinien zuerst wahr: Querstreifen, Gürtel, Farbunterbrechungen, Rocksäume, aber auch die breiteste Körperstelle. Dieses Wissen können wir nutzen, um Proportionen optisch zu unterstützen oder zu verändern. Renate Weiss-Kochs: »Grundsätzlich gilt: Körperteile, die lang oder im Verhältnis zu lang sind, können und sollten optisch unterbrochen werden – im Verhältnis zu kurze Körperteile können optisch gestreckt und verlängert werden.«

Sie brachte mir den »Spiegelblick« bei: Wenn ich mich im Spiegel ansehe, wohin fällt mein Blick zuerst? Dahin fällt auch der erste Blick anderer Leute. Oder: Wo bleibt der

Blick hängen? Will ich den Blickfang wirklich an dieser Stelle haben?

Gerade wenn wir in die Öffentlichkeit hinaustreten, auf eine Bühne steigen, ist eine besonders sorgfältige Kleiderwahl ein »Muß«. Aus zwei Gründen:

1. Wenn ich mich schlecht angezogen oder in meinen Klamotten unwohl fühle, bin ich nicht in mir. Mein Gefühl und meine Gedanken bleiben an Äußerlichkeiten hängen, ich kann meine Sache nicht überzeugend vortragen.
2. Wenn ich modisch einen Mißgriff getan habe, laufe ich Gefahr, daß mein Publikum an Äußerlichkeiten hängenbleibt statt zuzuhören.

Renate Weiss-Kochs hat für dieses Buch einmal ihre Tips für das optimale Vortragsoutfit zusammengetragen:

- Dunklere satte Farben signalisieren eher Autorität/Seriosität – leuchtende Farben signalisieren Dominanz. Vorsicht bei sehr großen Personen, Farbe kann bei ihnen zu dominant, zu einschüchternd wirken!
- Ihr Ziel: »Alle Zuhörer hängen an meinen Lippen« erreichen Sie, wenn Sie dafür sorgen, daß Ihr Gesicht absolut im Vordergrund steht. Dazu gehört zum Beispiel eine todschicke Frisur. Eine Frisur, die unser Gesicht positiv unterstreicht.
- Bei Frauen: Angemessenes Make-up; Ohrclips; kurze Kette; heller Kragen; edles Kleid oder Kostüm, klassisch, schlicht ruhig; Schuhe und Strümpfe Ton-in-Ton, nicht heller als der Rocksaum, sonst blicken alle auf ihre Beine; schlichte, klassische Schuhe.
- Bei Männern: Dunkler, gut sitzender Anzug; Revers; helles Hemd, edle Krawatte.

- Vermeiden Sie alles, was ablenken könnte: Klirrende Armreifen, ein Übermaß an Schmuck, fette Uhren, raschelnde Stoffe, grelle Muster, üppiges Outfit, gemusterte Strümpfe, auffällige Schuhe (auch wenn sie noch so schick sind), schreiend bunte Krawatten. Je weniger es zu sehen gibt, desto leichter ist es, den Blick auf dem Gesicht ruhen zu lassen.
- Brillenträger können mit einer schönen Brille die Blicke auf sich lenken. Vorsicht aber vor Übertreibungen: Manche Designerbrillen wirken ganz einfach lächerlich.
- Achten Sie auf hochwertige Qualität. Qualitativ hochwertige Stoffe sehen immer edler, also erfolgreicher, kompetenter und mächtiger aus als billigere.
- Achten Sie auf schöne, gepflegte Hände – das gilt für Männer wie Frauen. Beim Reden spielen die Hände eine große Rolle, und sie sollen schließlich Blicke anziehen. Dazu gehören gepflegte, gefeilte Fingernägel und eine gepflegte Haut. Für Frauen gilt: Künstliche Fingernägel können unschöne, abbrechende Nägel ersetzen, aber Vorsicht vor grell lackierten »Krallen«. Sie wirken oft aggressiv und billig.

Wenn wir uns bei einer Rede unser Äußeres richtig präsentieren, fühlen wir uns echt, authentisch. Wir fühlen uns besser, und automatisch wird unser Auftreten sicherer, freier und ungezwungener. Andernfalls verbrauchen wir nutzlose Energie damit, unser unvollkommenes Äußeres zu kompensieren. Nur wenn wir uns in unserem Outfit gut und erfolgreich fühlen, können wir Erfolg ausstrahlen und verfügen über eine positive, unverkrampfte Körpersprache.

Wie Sie Ihre Präsenz steigern

Wir sind nur gut,
wenn wir uns selbst vergessen

Deshalb hier der angekündigte zweite Teil meines Erfolgsrezepts für das optimale Auftrittsoutfit: Nachdem Sie sich sorgfältig angezogen und im Spiegel kontrolliert haben, vergessen Sie bitte sofort, wie Sie aussehen.

Ich weiß aus eigener Erfahrung, wie das Nachdenken über das eigene Aussehen Kräfte zehrt und Energie umleitet. Ich vergesse nie die erste große Moderation, zu der ich eingeladen war. Und zwar ging es auf einer Messe, der TOP 91 in Düsseldorf, um das Thema Frauenförderung. Auf dem Podium saßen Topmanager/innen, Unternehmer/innen und zwei Wissenschaftlerinnen, die ihre Programme beziehungsweise ihre Untersuchungen vorstellen sollten, davor im Plenum zirka 400 interessierte Zuhörerinnen. Die Veranstaltung dauerte einen halben Tag – und ich fand in den ganzen Stunden nicht zu mir.

In einer kleinen Gesprächsrunde, von Mensch zu Mensch, konnte ich wohl immer schon überzeugen. Ich bekam die Jobs, die ich gern haben wollte; wurde zu Wahlen aufgestellt, wenn ich gewählt werden wollte; bekam Aufträge, die mir Spaß machten. Andere trauten mir also offensichtlich einiges zu.

Aber wenn ich dann den Schritt in die Öffentlichkeit tat,

zum Beispiel auf dieses Podium, verließ mich aller Mut.
Auf dieser Podiumsdiskussion gelang es mir zwar gerade noch, allen Teilnehmern das Wort zu erteilen, zwei vorbereitete Fragen zu stellen und anschließend in der Plenumsdiskussion die Rednerliste zu führen. Aber irgendein Impuls ging von meiner Moderation nicht aus.
Ich war unfähig, den Inhalten der Diskussion zu folgen, geschweige denn, irgendwelche Fragen oder Probleme aufzugreifen, Schlüsse zu ziehen oder ein Fazit zu ziehen. Ich war viel zu sehr mit mir selbst beschäftigt. Wie sitze ich hier oben, wie sehe ich aus? Wie sehen mich die Teilnehmerinnen an? Was denken sie von mir? Das Schlimmste: Die Tische auf dem Podium hatten vorne keine Sichtblende. Und ich hatte einen zu kurzen Rock an. Ich wußte einfach nicht, wie ich meine Beine hinstellen sollte, dachte wirklich, alle schauen nur auf meine Beine, und besonders auf meine Waden.
Meine Publikumsangst ließ mich nur um mich selber kreisen. Und weder mein Verstand noch mein Gefühl waren offen für die Situation. In der Schlußdiskussion wurde denn auch meine Moderation von einer Zuhörerin bemängelt. Damit war ich endgültig fix und fertig. Heute noch beschleicht mich ein Gefühl der Scham, wenn ich an diese Veranstaltung denke. Aber erst seit ich analysiert habe, was damals mit mir los war, kann ich darüber reden.
Mir ist aufgefallen, daß meine Erfolgskurve, sprich die Reihe ungezählter erfolgreicher öffentlicher Auftritte, an dem Tag begann, als ich beschloß, nie mehr in meinem Leben eine Diät zu machen. Ein seltsamer Zusammenhang denken Sie? Was hat das Redenhalten mit Diäten zu tun? Lassen Sie mich das ausführlicher erklären.
Mit 13 begann ich einen verhängnisvollen Diätkreislauf (meine erste Diät war eine Sauerkrautdiät – ich werde

das niemals vergessen), und mein Gewicht steigerte sich, wie man heute weiß, aufgrund der ständigen Diäten. Der berühmte Jojo-Effekt führte dazu, daß ich bei jeder Diät zwar prima abnahm, aber hinterher um so mehr Kilos dazu bekam. Bei jeder Schwangerschaft, in der ich mir alles zu essen erlaubte, »explodierte« ich förmlich. Und hinterher hungerte ich mühsam die Hälfte wieder ab. Kurz gesagt: Im Laufe meines Lebens habe ich sicher drei- bis viermal mein Körpergewicht abgenommen. Sie können mich also durchaus als Diätexpertin bezeichnen.

Bis ich einen tiefgreifenden Entschluß faßte: Ich beschloß, nie mehr in meinem Leben eine Diät zu machen! Nie mehr! Es war die beste Entscheidung meines Lebens. Zwar nahm ich noch mal kurzfristig etwas zu, aber die Kilos verschwanden nach einiger Zeit wie von selbst wieder. Und noch etwas viel Wichtigeres geschah: Ich verfügte plötzlich über eine solch ungeheure Kraft, über soviel Energie, daß ich neben meiner Arbeit als Redakteurin anfing, Bücher zu schreiben. »Balancing« war das erste Buch, es ging um das Gleichgewicht von Beruf und Privatleben (jetzt erst fällt mir auf, daß das Wort »Gewicht« im Titel vorkommt). Das Feedback war phantastisch. Ich schrieb das nächste Buch, »Selbstmanagement für Frauen«, in dem es auch ein Kapitel gab: »Frauen haben Bäuche!« Heute weiß ich: Jedes Buch war auch ein Stück Selbsttherapie für mich. Mit jedem Buch söhnte ich mich wieder ein Stück mit mir selbst aus. Nach dem Motto: Dick oder dünn – ich mag mich. Ich darf so sein, wie ich bin.

Mit den Büchern kamen die ersten Anfragen nach Lesungen. Dann kamen Aufträge für Workshops, wenig später für Seminare, für Fernsehauftritte und immer häufiger für Referate und Vorträge. Mit jedem Auftritt wurde ich sicherer. Den Durchbruch auf dem Berliner Kongreß habe ich Ihnen ja schon geschildert.

Vor kurzem stieß ich auf ein Wort, das für meine wachsende Sicherheit steht: Selbstvergessenheit. Die Berliner Trainerin Christiane Weinreich hält diese Selbstvergessenheit für den wichtigsten Punkt bei einer guten Rede: »Die Beschäftigung mit sich selbst hemmt die meisten Redner. Wichtig ist, einfach da zu sein. Aussehen, Lampenfieber, das wird auf einmal egal.« Erst als ich lernte, mich selbst leiden zu können, je mehr ich mein inneres Gleichgewicht fand, um so weniger Gedanken machte ich mir darum, wie ich wohl aussah und was die Leute über mich denken. Die Sache schob sich in den Vordergrund, meine Botschaft, die ich bei Referaten und Vorträgen vertrat. Ich hatte etwas zu sagen, und ich wollte, daß die Menschen meine Botschaft hören. Und dafür konnte ich jetzt all meine Kraft benutzen. Kurz gesagt: Energie, die ich jahrelang in Selbstzweifel und in die mühsamen Versuche »richtig«, sprich dünn zu werden, investierte, konnte ich jetzt dafür einsetzen, daß Menschen zuhörten, was ich zu sagen hatte. Meine Erkenntnis: Ausstrahlung kann man nicht erhungern!

Die einzigen Auftritte, vor denen ich noch Angst hatte, waren Moderationen – der Stachel saß tief. Doch auch hier habe ich den Durchbruch vor einiger Zeit geschafft: bei einer großen Veranstaltung des DGB, die ich moderiert habe. Ich hatte mit den Veranstalterinnen alles besprochen, mit den Referentinnen telefoniert, und trotzdem hatte ich einen Mordsschiß. Am Nachmittag, wenige Stunden vor der Veranstaltung, griff ich voller Verzweiflung zu meinen Tarotkarten. »Wie kriege ich das heute abend bloß hin?« fragte ich die Karten.

Und plötzlich wußte ich: Ich werde nur dann gut sein,

wenn ich »ich« bin. Also wenn ich das tue, was ich kann. Ich überlegte weiter: Was kann ich besonders gut? Menschen zum Reden bringen, Menschen miteinander ins Gespräch bringen, sie vernetzen, in einer Gruppe ein »Wir-Gefühl« herstellen.

Und dann wußte ich, was ich zu tun hatte: Ich bat nach der Begrüßung und noch vor der Podiumsdiskussion erst einmal die Zuhörer/innen, mit ihren Sitznachbarn zu besprechen, was sie derzeit an der Arbeitsmarkt- und Sozialpolitik besonders wütend macht. Anfangs erstaunte Gesichter, dann löste sich die Spannung. Zehn Minuten lang wurde heftig in den Stuhlreihen diskutiert. Und erst danach stiegen wir in die Podiumsdiskussion ein.

Es ging mir sehr gut bei dieser Veranstaltung. Ich war voll konzentriert, die Ruhe selbst. (Wieder gab es keine Sichtblende vor den Podiumstischen. Aber diesmal hatte ich vorgesorgt: Ich trug meine blaue Kostümjacke mit einer langen schwarzen Hose.) Noch nie habe ich eine so rege Beteiligung so vieler Zuhörer/innen bei einer Diskussion erlebt. Am Schluß ließ ich sie noch einmal eine Stuhlreihendiskussion führen, um gute Ideen für Aktionen zu sammeln. Die Stimmung war lebhaft und kreativ.

Das Feedback, das ich vor kurzem bekam, wird jetzt wohl endgültig mein Moderationstrauma ad acta legen. In einem Nachbesprechungsprotokoll der Veranstalterinnen konnte ich vor wenigen Tagen lesen: »Begeisterung über die Moderatorinnenfähigkeiten von Sabine Asgodom. Gute Überleitungen, sehr gestrafft, lockere Einleitung, schneller Übergang in die Diskussion, gute Diskussionsbeteiligung.«

Hey, die sprechen von mir! Wer hat da was von Angst gesagt?

Empfehlungen für Podiumsdiskussionen

Hier noch einmal zusammenfassend meine Empfehlung für alle, die sich für Moderationen, Podiumsdiskussionen und andere Auftritte auf eine Bühne setzen:

- Denken Sie bei Ihrer Kleiderwahl daran, daß eventuell Ihr ganzer Körper im Blickpunkt steht. Kleiden Sie sich so, daß Sie dieses Thema gleich wieder vergessen können, das heißt, bei aller Eleganz möglichst bequem.
- Denken Sie daran, sich selbst mit auf die Bühne zu nehmen; ich will damit sagen: »Spielen« Sie nicht Podiumsdiskussion, sondern bringen Sie sich selbst ein, Ihre Erfahrung, Ihre ureigenste Meinung.
- Überlegen Sie vor Ihrem Auftritt, welche Botschaft Sie vermitteln wollen. Und überlegen Sie genau: Wie sollen die Zuhörer Sie in Erinnerung behalten – engagiert, geistreich, cool, phantasievoll, witzig, sachkundig, genial, gediegen...?
- Schreiben Sie den wichtigsten Satz auf, den Sie auf jeden Fall zum angekündigten Thema sagen wollen – egal welche Frage kommt. Und üben Sie vorher, diesen Satz in jedwede Antwort einzubauen.
- Denken Sie daran, daß Sie nur einen Teil zum Erfolg der Veranstaltung beisteuern können – nämlich dadurch, daß Sie mit Ihrem Part so authentisch wie möglich sind. Aber Sie sind nicht für alles verantwortlich. Belasten Sie sich nicht mit solcher Überverantwortung.
- Denken Sie daran, daß Sie sich auf einem solchen Podium selbst profilieren können. Auch wenn die Veranstaltung noch so mies läuft, oder auch wenn Sie

mit Ihrer Meinung ziemlich allein dastehen – beim Publikum wird Ihre Echtheit ankommen.

- Machen Sie nicht den Fehler, zwischen Podium und Publikum zu trennen nach dem Motto »Auf dem Podium sitzen die Expert/innen, was wollt ihr Fußvolk denn da unten?« Das nehmen die Menschen im Plenum zu Recht übel.

- Denken Sie stets daran, warum Sie auf diesem Podium sitzen: um Ihre Erfahrung, Ihr Wissen und Ihre Meinung einzubringen. Und das alles ist wichtig! Nutzen Sie die Zeit, um möglichst viel davon anzubringen. Sie haben etwas zu sagen, sagen Sie es!

- Lassen Sie sich nicht von anderen, »wichtigeren« Podiumsteilnehmer/innen einschüchtern. Die kochen auch nur mit Wasser.

- Lassen Sie sich nicht auf Spiegelfechtereien ein, mit denen andere ihr Ego befriedigen wollen. Behalten Sie lieber Ihre Zielgruppe im Auge: das Plenum. Wenden Sie sich diesem auch mit Ihrer Körpersprache zu. Schauen Sie es an. Reden Sie zu ihm.

- Beobachten Sie, wie alte Podiumshasen sich gegenseitig die Bälle zuspielen, lernen Sie davon und versuchen Sie, einige aufzufangen.

- Nehmen Sie sich das Wort! Wenn Sie immer nur darauf warten, daß es Ihnen erteilt wird, wirken Sie passiv und schüchtern. Wenn Sie Pech haben, läuft sonst ruckzuck die Diskussion an Ihnen vorbei. Das gilt besonders für Frauen!

- Sie sehen vielleicht manchmal den Presseclub am Sonntag im ersten Programm der ARD? Wenn nicht, sollten Sie es unbedingt zu Anschauungszwecken tun. Denn dort können Sie viel über die Spielregeln einer Podiumsdiskussion lernen.

Jeden Sonntag werden dazu vier Journalisten und eine

Journalistin eingeladen, ganz selten sind es zwei Frauen. Es ist faszinierend zu beobachten, wie die Männer diese Diskussion an sich reißen. Die Frau sitzt meistens ziemlich schüchtern dazwischen und muß immer wieder von dem Moderator ins Spiel gebracht werden, sonst käme sie überhaupt nicht zu Wort. Und selbst dann muß sie eisern ihren Satz zu Ende sprechen, um nicht vorzeitig unterbrochen zu werden.

Beobachten und analysieren Sie ruhig mal eine solche Sendung: Wer redet besonders viel? Wie nimmt er sich das Wort? Wie schafft er es, andere zu unterbrechen? Wie fliegen die Bälle? Ziehen Sie Ihre Schlüsse daraus: Worauf muß ich achten, wenn ich auf einem Podium sitze? Was gefällt mir? Was möchte ich nicht? Was kann ich lernen? Was muß ich vermeiden?

Ich selbst habe diese Erfahrung bei meiner allerersten Fernsehtalkshow erlebt, zu der ich nach dem Erscheinen von »Balancing« eingeladen wurde. Es war beim Norddeutschen Rundfunk, außer mir waren einige namhafte Gäste dabei. Ich fand mich Scheiße, um einen bekannten Schlager abzuwandeln. Vornehmer ausgedrückt: Ich verhielt mich ziemlich unprofessionell.

Beim Vorstellungstalk mit dem reizenden Moderator (ich glaube, er hieß Berg) vergaß ich, auch nur andeutungsweise auf den Grund meiner Anwesenheit, nämlich mein Buch, hinzuweisen. Dann durfte ich mich in die Runde setzen – und zwar in ein unglaublich schmales Sesselchen. Ich hatte damals mein Lebendhöchstgewicht und nur noch einen Gedanken: Nie mehr komme ich aus diesem Sessel raus! Verunsichert wurde ich auch durch ein Geräusch, das sich wie »Ritschratsch« anhörte, als ich mich setzte. Es kam von meinem extra für die Sendung erstandenen schilfgrünen Seidenkleid.

Während der ganzen Sendung war ich nur mit dem Gedanken beschäftigt: Gott, ist das peinlich. Ich schaue aus wie ein Dickmann in der Dose. Was tue ich nur? Was denken die Leute? Während ich mich so selbst kasteite, perlte die Unterhaltung lustig an mir vorüber. Die anwesenden Autoren machten Super-PR für ihre Bücher, der Professor für seine soziale Einstellung, der Moderator für seine Sendung, gekonnt spielten sie sich die Bälle zu, nur ich saß da wie ein Klops. Auf Anfrage gab ich auch die eine oder andere verkrampfte Weisheit von mir, aber meine Sätze blieben blutleer und wirkungslos.

Danach reagierte ich auf die Bemerkung einer Freundin »Warum hast du eigentlich so wenig gesagt in der Talkshow?« ziemlich beleidigt. Dabei war ich nur sauer auf mich selbst.

Inzwischen habe ich ein Dutzend Fernsehauftritte hinter mir und unendlich viel gelernt. In der letzten Sendung, in der ich wiederum als Buchautorin eingeladen war, fühlte ich mich schon wie ein alter Hase und konnte erstmals ganz ohne Herzklopfen und Stimmflattern meine Statements einbringen.

Reden, wie der Schnabel gewachsen ist

Das Beispiel der Politikerin Regine Hildebrandt

Von Politikern und Politikerinnen erwarten wir, daß sie gut reden können. Doch wer entspricht schon diesen Erwartungen? Bei den meisten möchte man am liebsten wegschnarchen, andere nerven mit vorgestanzten Null-sätzen. Meiner Meinung nach ist eine der besten Rednerinnen, die wir in dieser Republik haben, die Brandenburger Ministerin Regine Hildebrandt. Mal ganz abgesehen davon, ob man ihr politisch nahesteht oder nicht – ihre Reden sind nie langweilig. Wenn man ihr nicht zustimmt, kann man sich wenigstens wunderbar über sie aufregen. Und das ist doch mehr wert als jedes Null-Acht-Fuffzehn-Politiker-Gesülze.

Ich habe die Ministerin schon mehrmals live erlebt, und es waren die vergnüglichsten Vorträge, an die ich mich erinnern kann. Nicht, weil sie etwa einen Witz nach dem anderen reißt. Sondern weil sie redet, wie ihr der Schnabel gewachsen ist. Sie schert sich nicht um »politische Korrektheit«, um Sprachregelungen, hinter denen Politiker ihre wahre Meinung verbergen. Sie sagt, was sie denkt. Sie spricht aus, was andere verschweigen, sie schaut den Leuten »aufs Maul«. Sie ist herrlich unbeherrscht und verbrennt sich durchaus auch mal den Mund. Eben weil sie nicht jedes Wort sorgfältig abwägt.

Ich wollte herausfinden, was die Lebendigkeit und Präsenz der Ministerin ausmacht. Regine Hildebrandt war freundlicherweise bereit, mir einen ganzen Fragenkatalog zu beantworten, darüber, wie sie sich vorbereitet, was ihr wichtig beim Reden ist, und auch, ob sie immer schon so unbekümmert auf jeder Bühne stand. Hier ihre Antworten:

Wie bereiten Sie sich mental und/oder körperlich auf einen Auftritt, einen Vortrag, eine Rede vor?
Dr. Regine Hildebrandt: Gar nicht. Aber grundsätzlich ist Ausgeschlafensein günstig. Und beim Vortrag konzentriere ich mich auf das Anliegen, identifiziere ich mich mit dem Problemkreis der Betroffenen, der Adressaten.

Wie bereiten Sie Ihre Rede inhaltlich vor?
Hildebrandt: Mit einem Stichwortmanuskript und manchmal gar nicht. Ich versuche den aktuellen, individuellen, regionalen oder situativen Bezug herzustellen, den Bogen zu spannen.

Was tun Sie, wenn Sie mal den Faden verlieren, durch irgend etwas verwirrt werden?
Hildebrandt: Wenn der Anlaß der »Verwirrung« auch für die Zuhörer bemerkbar war, dann beziehe ich ihn in meine Rede ein. Entsteht die Verwirrung in mir, versuche ich weiterzusprechen, entweder allgemein oder mit Einzelbeispielen, bis ich die Anknüpfung an den Faden wieder habe. Hilft das alles nichts mehr, dann muß ich zur Not einen ganz neuen Faden spinnen.

Haben/hatten Sie manchmal Angst vor öffentlichen Auftritten?

Hildebrandt: Jetzt, also als Politikerin – nein. Früher in meinem Beruf als Biologin bei Fachvorträgen auf fachwissenschaftlichen Tagungen schon. Besonders schlimm war es, wenn ich Vorträge in englischer Sprache halten mußte.

Pflegen Sie Rituale vor Auftritten, haben Sie gar ein Maskottchen?

Hildebrandt: Nein, überhaupt nicht. Ganz im Gegenteil, alles muß sich aus der Situation entwickeln, den Zuhörern angepaßt sein.

Wie beziehen Sie Ihr Publikum in die Rede ein?

Hildebrandt: Immer durch intensives Beobachten der Zuhörer, ich reagiere direkt auf das Publikum, etwa bei Verständigungsschwierigkeiten oder bei Widerstand gegen meine Position. Beispielsweise indem ich etwas noch mal erkläre oder wiederhole oder meine Position noch einmal verstärkt darstelle. Manchmal reagiere ich auch auf Zwischenrufe oder Zwischenfragen, indem ich beim Reden direkt darauf eingehe.

Welches war der peinlichste Auftritt, den Sie je erlebt haben?

Hildebrandt: Als Schulkind! Mir fiel auf der Bühne bei einer Schulveranstaltung eine Strophe von »Es kommt ein Schiff geladen« einfach nicht ein!

Welches war Ihr größter Auftrittserfolg?

Hildebrandt: Das kann und will ich nicht beurteilen.
Danke, Frau Ministerin!

Von der Präsentation zur Performance

Grenzen überschreiten für den Erfolg

Wollen Sie im Gedächtnis Ihres Publikums positiv verankert bleiben? Möchten Sie, daß Ihre Zuhörer/innen Ihre Anregungen aufnehmen, Ihre Vorschläge akzeptieren und Ihnen Ihr »Produkt« abkaufen, wie immer es aussehen mag? Das schaffen Sie, indem Sie Ihre Einzigartigkeit herausstellen, Ihre Präsentation zu einer einmaligen Performance machen. Fein, werden Sie denken, aber wie mache ich das?

»They won't like you if they don't like your show!« heißt die Erfolgsformel in den USA. Und frei übersetzt heißt das: Ihre Zuhörer werden Ihnen nicht folgen, wenn Sie es nicht schaffen, eine gute Show hinzulegen. Performance heißt: Ein überzeugender Auftritt, gut vorbereitet und gut durchdacht. Wenn Sie überzeugen wollen, sollten Sie nichts dem Zufall überlassen. Sie brauchen ein Drehbuch für Ihre Rede, eine Inszenierung und eine Choreographie. Und zwar alles maßgeschneidert! Denn Secondhand-Reden sitzen nicht! Jemanden nachzuahmen, den Sie als Redner bewundern, kann mächtig schiefgehen.

Ein Beispiel: Michael M., 36, bat mich um Hilfe bei seiner allerersten Rede vor der Hauptversammlung seines Verbandes. Er sollte in die Fußstapfen des alten Vorstandsvorsitzenden treten, der den Verband mehr als 20 Jahre lang patriarchalisch geführt hatte. Der alte, mächtige Verbandsboß hatte seinen Jahresbericht immer nach dem gleichen Muster gehalten. Schnörkellos hatte er den Bericht heruntergelesen, Fragen gab es anschließend nicht.

Das Manuskript, das Michael M. mitbrachte, hatte er sich vom Vorstandsassistenten schreiben lassen. Als er eine Woche vor dem Termin bei mir im Büro saß, war er ziemlich verzweifelt: Er wußte, ihm, dem jungen Nachkömmling, würde die Versammlung so eine Rede nicht durchgehen lassen, sie war nach dem alten Muster gestrickt – grauenvoll.

Wir verbrachten einen langen Tag damit, ihm den richtigen Einstand zu verschaffen. Als erstes warfen wir die alte Rede weg – sie war mit eineinhalb Stunden viel zu lang und hätte mit nichtssagenden Sätzen und der Aneinanderreihung von Zahlen die Zuhörer/innen erschlagen. Sie war in solch verwinkelten Satzgefügen geschrieben, daß Michael M. sie niemals hätte auswendig vortragen können. Aber auch beim Ablesen verhedderte er sich ständig. Diese Sätze waren für keine Zunge geschrieben.

Ich bestärkte Michael M., daß er sein eigenes Profil entwickeln, seine eigene Sprache sprechen mußte. Er blühte spürbar auf. Sein Ehrgeiz war geweckt, er wollte nicht nur inhaltlich, sondern auch stilistisch eine neue offenere Ära im Verband einläuten.

Als erstes ließ ich mir von ihm den Zustand des Verbandes erläutern: welche Schwierigkeiten es gab, welche Allianzen, welche Neuerungen. Ich ließ ihn auch genau erläutern, welche Verbündete und welche Konkurrenten er in Aufsichtsrat und Vorstand hatte. Dabei machte ich mir bei überzeugenden, begeisternden Formulierungen schon einmal Notizen.

Es war wichtig, daß ich eine ungefähre Ahnung der

Machtverhältnisse und der notwendigen Maßnahmen bekam, um den Inhalt seiner Rede zu verstehen – und zu begreifen, welche Rolle er spielte und wie er auftreten wollte. Dann sammelten wir in einem Mind-Map alle Themen, die Michael M. behandeln wollte, das heißt, wir gruppierten rund um sein Thema die verschiedenen Bereiche, über die er sprechen wollte, und legten anschließend die Reihenfolge fest.

Absatz für Absatz formulierten wir jetzt Satz für Satz. Oft fand er sofort die richtige Formulierung, manchmal begann er einen Satz, den ich beendete; manchmal fing ich an zu schreiben, und er setzte Akzente. Bei manchen Sätzen fragte ich geradeheraus: »Das versteht kein Mensch. Bitte noch einmal, was wollen Sie damit sagen?« Immer wieder riefen wir uns ins Gedächtnis: »Was interessiert die Mitglieder?«

Am späten Abend, wir waren beide ziemlich erschöpft, machten wir trotzdem noch einen Probedurchlauf: Wir bauten aus Tisch, Aktenkoffer und Büchern ein Pult, auf das er seine Manuskriptseiten legte, und dann trug er vor. Ich beobachtete ihn und nahm die Zeit.

Die Rede war gut, das spürten wir beide. Und vor allem – die Rede war sein Werk, das würde jeder merken. Er sprach in seinen Worten, sagte das, was er dachte. Die Zahlen hatten wir weitgehend eliminiert – sie fanden sich schließlich schon im schriftlich verteilten Rechenschaftsbericht. Sein Schwerpunkt lag auf seiner Arbeit des letzten halben Jahres, auf neuen Wegen und der Zukunft. Michael M. übte die Rede dann noch einige Mal laut zu Hause. Am Montag nach der Hauptversammlung rief er mich an: »Ich war furchtbar aufgeregt, aber die Leute waren unglaublich nett. Hinterher kamen ganz viele Mitglieder zu mir und beglückwünschten mich.« Die Arbeit hatte sich gelohnt.

Um Ihre Rede, Ihre Präsentation zur Performance zu machen, können Sie sich auch am Anfang eine solche »Gedankenlandkarte«, also ein Mind-Map zeichnen. In die Mitte eines großen Blatts kommt in einen Kreis Ihr Thema. An diesen »Stamm« können Sie die verschiedenen »Äste« Ihrer Rede anfügen: Inhalt, Dramaturgie, Inszenierung Ihres Auftritts.

Die Inszenierung

Die Beschriftung des ersten Asts kann »Inszenierung« lauten. Dazu sollten Sie als erstes Informationen über den Ort, oder wie man heute sagt, die »Location« sammeln. Reden Sie auf einem Kongreß, einer Messe? Auf einer Versammlung, einem Meeting, einem Event? Wie sieht der Saal aus, wie ist die Akustik? Wie ist die Bestuhlung? Gibt es eine Bühne? Und steht dort ein Rednerpult? Können Sie Ihre Zuhörer/innen gut sehen?

Ich prüfe vor jedem Auftritt, ob ich von allen Plätzen gleich gut gesehen werden kann, gehe durch die Stuhlreihen, vor allem an die hinteren und seitlichen Plätze. Wenn es sein muß, lasse ich noch Pult oder Flipchart verrücken. Prüfen Sie, ob das Mikrofon auf Ihre Größe eingestellt oder einstellbar ist. Es gibt nichts Lächerlicheres als einen Zweimetermann, der sich ums Mikrofon windet, oder eine Rednerin, die gerade mal so mit dem Kopf übers Pult ragt und sich auf Zehenspitzen strecken muß, um ans Mikro zu reichen. Lassen Sie sich notfalls ein Ansteckmikrofon geben oder einen »Tritt«, also einen kleinen Schemel, hinters Pult stellen. Das Rednerpult »paßt« optimal, wenn der obere Rand mit den unteren Rippen abschließt.

Testen Sie, ob das Licht richtig eingestellt ist, so daß Sie im Rampenlicht stehen, aber nicht geblendet werden; daß Sie auch bei einer Verdunkelung für Dia- oder Overheadprojektor Licht auf Ihrem Manuskript haben. Achten Sie auf den Hintergrund, vor dem Sie reden. Paßt der Rahmen? Lenkt ein Schild oder schief hängendes Bild ab? Wie ist der Raumklang, gibt es Über- oder Unterhall, müssen Sie sich beim Sprechen darauf einstellen, indem Sie beispielsweise langsamer sprechen oder mit mehr Pausen?

Wenn Sie Einfluß auf die Bestuhlung haben, lassen Sie die Stuhlreihen mit einem sanften Schwung stellen, wie im Halbrund eines Amphitheaters. Das wirkt nicht so streng, die Zuhörer können gegenseitig Augenkontakt halten, die Stimmung wird entspannter. Und in der anschließenden Diskussion sind die einzelnen Sprecher besser zu sehen.

Schon vor Ihrem Auftritt sollte Ihnen der Vortragsraum so vertraut wie Ihr eigenes Wohnzimmer sein. Dann haben Sie ein »Heimspiel«.

Vertraut sollten Sie auch mit dem gesamten Ablauf der Veranstaltung sein. Welche Redner kommen vor oder nach Ihnen? Mit welchen Themen? Ich habe vor einiger Zeit eine Rede abgesagt, weil ich die dritte Rednerin hätte sein sollen, die über PR referiert. Ein anderer Aspekt war nicht gewünscht, na, dann danke.

Voller Schreck hatte ich mal auf einer anderen Vortragsveranstaltung gemerkt, daß meine Vorrednerin – anders als im Programm benannt – exakt mein Thema ansprach. Gott sei Dank war sie so mit ihren Folien und dem Overheadprojektor beschäftigt, daß ihre Ausführungen weitgehend in der Leinwand verpufften. Und ich hatte eine gute Chance, mein Thema lebendiger anzubringen. Fazit: Versuchen Sie, sich möglichst gut mit den anderen Redner/innen abzustimmen.

Zu jeder guten Inszenierung gehört ein »Drehbuch«. Darin legen Sie den Aufbau und die Struktur der Rede fest: Mit welchem Satz werden Sie die Rede beginnen? Mit welchen Thesen treten Sie auf, mit welchen Argumenten? Welche Zitate werden Sie zur Unterstützung bringen? Welche Fakten und Zahlen nennen? Wie soll Ihr Schlußsatz lauten? Es geht eben nicht nur um die Inhalte, sondern auch darum, sie in ein überzeugendes Raster zu bringen. Hier die gebräuchlichste Redestruktur:

1. Anfang/Einleitung,
2. Hauptteil, in mehrere Punkte strukturiert,
3. Schluß/Zusammenfassung.

1. Anfang

Das Wichtigste an jeder Rede ist der gute Start. Erinnern Sie sich an die wenigen Sekunden, die Ihnen bleiben, um einen guten Eindruck bei Ihren Zuhörer/innen zu erzielen? Überlegen Sie, ob Sie mit visuellen Mitteln Eindruck machen können, mit einem Sprung auf die Bühne, mit Musik oder Lichteffekten.

Mit dem ersten Satz können Sie einen entscheidenden »Anker« bei Ihrem Publikum setzen. Vermeiden Sie alle Floskeln wie »... bedanke ich mich besonders für die Einladung ... Es ist mir eine Freude, hier zu sein ...« oder gar den Todesstoßsatz: »Ich bin leider eine schlechte Rednerin, trotzdem möchte ich versuchen ...« Mit dieser Entschuldigungsfloskel geben Sie Ihre Kompetenz an der Kasse ab.

Wenn Sie aufgeregt, ja hypernervös sind, können Sie das ansprechen, aber verbunden mit einer Pointe. Beispielsweise so: »Als ich hörte, wer alles hier im Publikum sitzt, bekam ich eine Gänsehaut. Aber dann sagte ich mir, wenn ich einmal vorm jüngsten Gericht bestehen möchte, ist dies eine wunderbare Übung.«

Ihr erster Satz muß ein Knaller sein! Er muß der »Ohrenöffner« für Ihre Rede sein; er darf aber auch verwirren, Klischees durchstoßen, Ihr Publikum aufmerksam und neugierig machen. Ihr Anfangssatz sollte wie der furiose Auftakt eines Eiskunstläufers sein – Anlauf – vierfacher Toulup – gestanden. Jetzt kann nichts mehr schiefgehen. Für diesen einen ersten Satz sollten Sie all Ihre Mühe, all Ihre Phantasie einsetzen.

Dieser Auftaktsatz kann eine Frage sein oder ein Statement, ein Beispiel oder eine These. Er kann der Kernsatz Ihrer Rede sein, aber auch eine Provokation. Er kann Ihre Zuhörer glauben lassen, Sie tickten nicht richtig. Das Ziel aller Bemühungen: Nach diesem Satz sollten alle Zuhörer bei Ihnen sein. Weil dieser erste Satz so extrem wichtig ist, sollten Sie ihn im Wortlaut notieren, auch wenn Sie sonst nur auf ein Stichwortmanuskript setzen.

Was meine ich mit »Knaller«? Sie können natürlich eine Rede so beginnen: »Die Situation unserer Firma hat sich im Laufe des Jahres nicht gerade berauschend, aber doch zu unserer Zufriedenheit entwickelt.« Allein der Tonfall signalisiert den Zuhörern: Ach ja, Rechenschaftsbericht wie gehabt. Zeit, sich zurückzulehnen, auszuruhen oder was Gutes zu lesen. Wenn ich solche Redeanfänge höre, nehme ich Block und Stift zur Hand, denn ich werde mindestens eine Stunde Zeit haben, kreativ zu arbeiten – an etwas völlig anderem.

Also, wenn Sie möchten, daß Ihre Zuhörer/innen wirklich mitbekommen, was Sie sagen, dann könnte der Beginn Ihres Rechenschaftsberichts beispielsweise so lauten: »Nach dem Ergebnis des ersten Quartals unseres Geschäftsjahres hätte sich ein New Yorker Banker in den dreißiger Jahren aus einem Hochhaus gestürzt. Nach dem vierten Quartal hätte er Schampus für alle geordert. Wie gut, daß wir dank unseres modernen Controllings etwas gelassener die Entwicklung abwarten konnten ...« Denken Sie daran, daß der erste Satz immer positiv formuliert sein sollte. Denn wenn Sie gleich am Anfang dunkle Wolken aufziehen lassen, ziehen sich Ihre Zuhörer/innen zurück, verlieren die Lust auf die Rede. Also statt »Vom letzten Geschäftsjahr läßt sich leider nicht viel Gutes berichten ...« lieber: »Ich habe lange gesucht, bis ich etwas Positives über das letzte Geschäftsjahr sagen konnte. Hier ist es: Hurra, wir haben es überlebt ...«

Oder statt: »Der Elternbeirat hatte im letzten Jahr nicht viele Möglichkeiten, etwas für die Verbesserung des Schulalltags zu tun, weil zahlreiche Mitglieder durch Krankheit oder berufliche Belastung nicht in der Lage waren, aktiv mitzuwirken ...« lieber: »Das beste am vergangenen Schuljahr war das Sommerfest. Das sagen nicht nur die Schüler, sondern auch wir vom Elternbeirat. Wir konnten zur gelungenen Organisation einiges beitragen. Und es war für uns eine gute Möglichkeit, mit Eltern und Lehrern zusammenzusitzen und Anregungen für unsere Arbeit zu erhalten.«

Wie ist es mit Begrüßungen? Es gibt natürlich Fälle, in denen Honoratioren stilecht begrüßt werden müssen: »Sehr geehrter Herr Bundespräsident, Frau Bundestagspräsidentin, Herr Bundeskanzler, Frau Oberbürgermeisterin, meine Damen und Herren ...« Unterliegen Sie solchen Etikettezwängen nicht, dann lassen Sie doch die Begrüßungsfloskel weg. Und überlegen Sie sich peppige Alternativen. Ein Redner könnte beispielsweise auf der dunklen Bühne anfangen zu sprechen. Alle werden die Hälse recken: »Wo ist er denn? Was ist da los?« Dann läßt

er die Strahler anknipsen mit den Worten »... denn die im Dunkeln sieht man nicht. Gibt es ein besseres Argument für unsere ...«
Überlegen Sie doch einmal, mit welchem Gag, mit welchem Knallersatz Sie Ihren nächsten Vortrag anfangen könnten. Sie verziehen das Gesicht? Das wäre Ihnen peinlich? Das macht doch keiner so? Ich bin überzeugt, daß Sie nur dann eine wirklich gute Performance hinlegen, wenn Sie sich trauen, Grenzen zu überschreiten, das Neue auszuprobieren, eingefahrene Gleise zu verlassen. »Das Überschreiten der roten Linie«, nennt der Managementtrainer Wolf Lasko diesen Schritt außerhalb des Gewohnten, Gehabten, Eingespielten. Wenn Sie diesen Schritt wagen, können Sie es schaffen, daß sich Zuhörer noch Jahre später an Sie erinnern: »Ach, Sie waren doch die, die damals ...« Haben Sie Lust darauf? Probieren Sie es doch mal aus!

2. Hauptteil

Nach dem ersten Auftaktsatz kommen Sie zum Hauptteil Ihrer Rede. Hier ist Platz für Thesen, Pro- und Contraargumente, Untersuchungsergebnisse und Geschäftsbilanzen. Hier erzählen Sie, was ist, bringen aber auch Ihre Meinung ein und legen Rechenschaft ab, zeigen Probleme auf und die Lösungen dafür. Dieser Mittelteil sollte ebenfalls strukturiert sein: Argument, Begründung, Lösung. Oder: Problem, Meinung, Lösung. Oder: Geschäftsbericht, Entwicklung, Zukunftsaussichten. Auch für diesen Teil gilt: Vermeiden Sie »Abschaltsätze« wie »Leider muß ich noch mal darauf zurückkommen ...« oder »Wie schon meine Vorrednerin sagte ...« Unspannender geht's nicht.

3. Schluß

Genauso wichtig wie ein knalliger Anfang ist auch ein sorgfältig gewählter Schlußsatz. Viele Reden, das erlebe ich immer wieder, haben gar keinen Schluß. Einige Redner oder Rednerinnen »stolpern« aus ihrer Rede hinaus, ja, also, das war's: Man sieht sie förmlich einen mentalen Knicks oder Diener machen.

Andere ergehen sich in umständlichen Dankbarkeitsbezeugungen darüber, daß sie hier zu Wort kommen durften, daß die Zuhörer brav auf ihren Plätzen ausgeharrt haben ... Dem Redner, der Rednerin ist direkt anzusehen, wie froh er/sie ist, diese Fronarbeit hinter sich zu haben und sich endlich wieder setzen zu dürfen.

Solch ein Nullschluß läßt die Wirkung einer Rede verpuffen. Wenn Sie einen guten, wirkungsvollen Abgang wollen, dann überlegen Sie sich einen Knallerschluß, nach der abschließenden Zusammenfassung setzen Sie ein Sahnehäubchen obendrauf. Auch diesen letzten Höhepunkt Ihrer Rede sollten Sie vorher formuliert und aufgeschrieben haben, denn spontan fällt uns selten der große Wurf ein.

Dieser Schlußsatz kann ein persönliches Bekenntnis sein: »Ich werde in Zukunft ...«. Ebenso effektiv ist die Aufforderung an Ihre Zuhörer, zu handeln, etwas zu tun: »Wenn Sie das nächste Mal ...« Dieser Schluß soll noch einmal Ihre Einzigartigkeit zeigen, beweisen, warum nur Sie diese Rede halten konnten, warum es sich lohnt, Ihnen zuzuhören. Falls eine anschließende Diskussionsrunde geplant ist, kann dieser Satz die Initialzündung für ein lebhaftes Gespräch sein.

Und nach diesem Schluß – Abgang. Zerreden Sie Ihren Gag nicht noch einmal. Quatschen Sie ihn nicht tot. Machen Sie eine kurze Pause, damit Ihre Zuhörer Zeit haben, den Schluß aufzunehmen. Hauchen Sie dann ein »Vielen Dank« ins Mikro – Ihr Zeichen, daß Sie nun bereit sind für den Applaus.

Die Dramaturgie

Ein weiterer »Ast« Ihres Rede-Mind-Maps sollte die Dramaturgie darstellen. Wie schaffen Sie es, daß es spannend und interessant wird? Wie wird die Show? Im Vorfeld sollten Sie sich über den Charakter Ihrer Rede klarwerden. Was soll es werden:

- Verkaufsgespräch
- Überzeugungsrede
- Information
- Motivation
- Appell
- Predigt
- Laudatio
- Produktpräsentation
- Lehrvortrag
- Thesensammlung
- Stimmungsmache
- Einheizen
- Widersprüche legen
- Konflikte schaffen
- Provokation
- Trost
- Toast

Spannung baut sich durch Abwechslung auf. Diese Abwechslung schaffen Sie einmal durch eine variationsreiche Sprachmelodie, aber auch durch rhetorische

Finessen. Sie können mit Stimmlage, Lautstärke und Betonung »spielen«, mit dem Wechsel von Sprechen und Pausen; aber auch mit Fragen und Aussagen, Beispielen und Zitaten, mit Widersprüchen und ihrer Auflösung.

Beginnen wir mit dem Sprechen. Im Kapitel über die Stimme habe ich Ihnen ja schon die Grundlagen einer lebendigen Stimme beschrieben. Wenn Sie die Dramaturgie Ihrer Rede aufbauen, sollten Sie die Betonung besonders üben. Wann sollten Sie laut werden, wann ganz leise? Welche Wörter, welche Aussagen wollen Sie betonen?

Ungeübte Redner verfallen manchmal in den Fehler, alles gleich und gleich alles zu betonen. Sie schleudern jeden Satz mit derselben Energie heraus. Was kraftvoll wirken soll, wirkt dann übertrieben. Und erweckt beim Zuhörer Irritation: »Mein Gott, was hat er denn?« »Was regt sie sich denn so auf?« Ganz bös: »Was nimmt der sich so wichtig?« Poltergeister erreichen eigentlich nur, daß die Leute ihre Ohren verschließen oder auf Durchzug stellen.

Geübte Redner/innen setzen »Stress points« ganz gezielt ein. Sie reden einige Sätze in normaler Lautstärke, um dann einen wichtigen Satz besonders laut zu betonen. Oder sie flüstern nach einer Passage, die sie mit großem Engagement vorgetragen haben, den nächsten Satz fast lautlos. Einer der faszinierendsten Redner, der all dies beherrschte, war der Politiker Herbert Wehner. Der begann einen Satz ganz ruhig und leise und steigerte sich dann ins Furiosum. Da blieb niemand unbeteiligt. Oder er polterte los, um dann ganz giftig leise den Satz zu beenden. So daß alle die Ohren spitzten, um ja nichts zu verpassen.

Die Intuition

Übung macht den Redner. Es gibt Redetalente, die ohne große Vorbereitung intuitiv den richtigen Ton finden. Die ohne zu überlegen genau das Richtige sagen. Vielleicht gehören Sie dazu? Vielleicht brauchen Sie aber Übung, um sich auf Ihre Intuition verlassen zu können. Intuition heißt: Auf die innere Stimme hören, mich darauf verlassen, daß ich schon ganz automatisch das Richtige sagen werde. Intuition speist sich aus dem Wissen um meine Fähigkeiten und meine Erfahrungen.

Ich selbst mußte mehr als 20 Jahre Reden halten, um endlich meiner Intuition vertrauen zu können. Heute stelle ich mich vor jedes Publikum, mit einer Handvoll Notizen, gehe auf Wünsche und auf Fragen ein, es kann mich kaum etwas erschüttern. Doch dieses Selbstvertrauen kam nicht von selbst. Ich habe gelernt und geübt. (Und wenn ich ein Buch wie dieses gehabt hätte, wäre es vielleicht schneller gegangen.)

Deshalb: Suchen Sie Redesituationen. Und versuchen Sie bei der Vorbereitung jeder Rede rhetorische Feinheiten einzuarbeiten – egal ob im Elternbeirat oder vor Kunden, beim Fachvortrag oder beim Bericht der Kassenprüfer im Sportverein.

Die Betonung

Markieren Sie sich die Sätze im Manuskript, die Sie betonen wollen, beispielsweise mit einer geschlängelten Linie. Dabei merken Sie schon, ob sich zuviel »schlängelt«. Markieren Sie auch Sätze, die Sie nur flüstern wollen. Sie können sie ja dann anschließend wiederholen: »Ja, ich halte es für einen Skandal, daß . . .«

Markieren Sie ruhig auch, wie Sie einzelne Wörter im Satzzusammenhang betonen wollen. Ein Beispiel: »Nein, ich halte es für eine miserable Idee, Menschen dafür zahlen zu lassen, daß sie öfter krank werden ...« Setzen Sie über jedes Wort, das Sie besonders betonen wollen, ein Häkchen. Ich würde bei den Wörtern »Nein, miserable, zahlen, öfter krank werden« meine Häkchen setzen.

Eine kleine Übung: Lesen Sie den Satz einmal gleichförmig vor und einmal mit Betonung, so wie Sie es in einem engagierten Vortrag sagen würden. Merken Sie den Unterschied?

Die Pausen

Spannung erzeugen Sie durch Pausen. Die meisten Redner sprechen viel zu schnell und nutzen die Macht der Pausen nicht. Pausen dienen nämlich nicht nur dazu:

- Atem zu holen, genug Luft zum Sprechen zu bekommen;
- sich auf den nächsten Satz vorzubereiten.

Sondern sie:

- geben den Zuhörern die Chance zu folgen;
- steigern die Erwartung der Zuhörer;
- erzwingen Ruhe im Saal
- und stellen alle Ohren auf Empfang.

Setzen Sie Pausen gezielt ein und variieren Sie – von wenigen Sekunden bis zu zwei Atemzügen lang. Vor einem Höhepunkt Ihrer Rede sollten Sie besonders lange

ausholen! Denken Sie an das Beispiel mit dem Eiskunst-
läufer: Vor dem vierfachen Toulup braucht er fast eine
ganze Bahn Anlauf, um genügend Schwung zu bekommen. Und auch das Publikum spürt, jetzt passiert hier
gleich etwas Außergewöhnliches. Es hält den Atem an
und geht mit. Nach dem gelungenen Sprung löst sich die
Spannung, der Jubel erschallt. Sie wissen, in der Wertung
zählt ein vierfacher Toulup viel mehr als vier zweifach
gesprungene.

Die Gefühle

Sie schaffen eine spannende Zäsur in einem sachlichen
Vortrag, wenn Sie zwischendurch Gefühle aufblitzen
lassen. Wenn Sie also beispielsweise in einer kurzen
Geschichte erzählen, wie Sie sich gefühlt haben, als Sie
die Entdeckung machten oder Zusammenhänge erkann-
ten. Zeigen Sie Betroffenheit – das Wort ist etwas in
Verruf geraten, aber Sie erzeugen damit Resonanz.
Genauso wie Sie Gefühle zeigen, können Sie auch
Gefühle erzeugen. Schildern Sie Situationen, die bei
Ihren Zuhörern Gänsehaut oder wohlige Schauer erzeu-
gen. Lassen Sie dabei Ihrem Publikum Zeit, damit die
Gefühle auch entstehen können.

Die rhetorischen Fragen

Zu einer guten Show gehört, daß Sie den Redefluß
rhetorisch unterbrechen. Am besten dazu geeignet sind
rhetorische Fragen. Also statt eines Statements wie »Das
wichtigste ist ein gutes Miteinander«, stellen Sie die
rhetorische Frage: »Was ist das allerwichtigste in unse-

rem Verein?« – Pause. Alle schauen Sie mit großen Augen an. – »Jawohl, das Miteinander.«

Wenn Sie in Ihren. Zuhörer/innen einen Denkprozeß auslösen wollen, sollten Sie möglichst offene Fragen wählen, also keine Fragen, auf die mit »Ja« oder »Nein« geantwortet werden kann. Sonst geht es Ihnen vielleicht wie dem Redner, der schwungvoll ins Publikum rief: »Wollen Sie wissen, wie Sie Ihr Gehalt innerhalb von fünf Jahren verdoppeln können?« Und ein Witzbold rief laut: »Nein.« Der Lacher war auf seiner Seite. Der Redner stand da wie ein begossener Pudel. Und hatte Mühe, das Interesse des Publikums wieder zu wecken, um endlich sein wunderbares Rezept zu verkünden.

Besser wäre also die Frage gewesen: »Was glauben Sie, wie Sie Ihr Gehalt innerhalb von fünf Jahren verdoppeln könnten?« Selbst wenn derselbe Witzbold »Keine Ahnung« dazwischenrufen würde, könnte der Redner fortfahren: »Ich kann es Ihnen sagen ...« Noch ein Tip: Schauen Sie ausnahmsweise niemanden an, während Sie eine rhetorische Frage stellen, dann fühlt sich auch niemand angesprochen, wirklich darauf zu antworten.

Der Flirt mit dem Publikum

Etwas ganz anderes ist es, wenn Sie wirklich eine Frage ans Publikum stellen, etwa: »Wie viele von Ihnen haben einen Bausparvertrag?« Dann erwarten Sie natürlich, daß einige Hände in die Höhe gehen. Oder Sie fragen: »Wer von Ihnen hat Erfahrung mit Katzen? – Sie, ah ja. Und haben Sie gute oder schlechte Erfahrungen gemacht? – Gute? Ich finde auch ...«

Ich mag den Dialog mit meinem Publikum. Und suche bewußt den Flirt mit ihm. Ich spreche mit Händen und

Augen, um einzelne aufzufordern, etwas zu sagen. »Welche Erfahrungen haben Sie gemacht?« Die Antwort baue ich gleich wieder ein. Dem Publikum macht es auch Spaß, weil es die reine Vortragssituation durchbricht. Die meisten Menschen hören Rednern zu, weil sie geduldig sind und eine gute Kinderstube haben. Aber lieber noch sprechen sie selbst. Ich habe nur gute Erfahrungen damit gemacht, wenn ich mein Publikum als Talkgäste betrachte. Diese Vorträge werden noch lebendiger, spaßiger, reicher.

Wenn ich mich auf einen interaktiven Vortrag einstelle, habe ich auch keine Angst vor Zwischenrufen oder Zwischenfragen. Ich baue sie als Element in meinen Vortrag ein. »Danke für diesen Einwand«, kann ich dann strahlend sagen, »Sie haben recht, es ist nicht einfach, die Scheu zu überwinden und sich einfach mal eben so auf eine Bühne zu stellen. Genau darum ...« Die Münchner Managementtrainerin Ulrike Bergmann sagt: »Fragen oder Einwürfe sind Geschenke, nicht Angriffe. Und für Geschenke bedankt man sich.«

Ein interaktiver Vortrag gelingt natürlich am besten im kleineren Rahmen. Mit vierzig, fünfzig Zuhörern können Sie wunderbar kommunizieren, weil noch kein Mikrofon gebraucht wird. Doch auch vor größeren Gruppen, ja einem Saal mit tausend Zuhörer/innen können Sie flirten. Können erreichen, daß Ihre Zuhörer etwas Bestimmtes tun, können Sie zum Lachen bringen, sie mit ihren Platznachbarn vernetzen. Sie können es sogar schaffen, daß alle sich an den Händen fassen und auf den Sesseln tanzen.

Die Widersprüche

Ein gutes Mittel, um Spannung aufzubauen und die Lösung zu liefern, sind scheinbare Widersprüche. Konstruieren Sie einen solchen Widerspruch. Sie werden merken, daß Ihre Zuhörer/innen erst ungläubig reagieren – das meint die doch wohl nicht wirklich? Nach einer bewußten Pause können Sie den Widerspruch auflösen und Ihre Meinung dagegensetzen. Ein Beispiel: »Wozu brauchen wir heute überhaupt noch Lehrer? (Pause) Wissen vermitteln können Computer viel besser, behaupten Wissenschaftler. (Pause) Die Erziehungsleistung der Schule ist sowieso gescheitert, mäkeln Eltern und Politiker. (Pause) Ja, lassen wir es sein. (Laut:) Schließen wir die Schulen. Stellen wir den »Kids« einen Computer ins Kinderzimmer. Dann können sie selbstbestimmt lernen – oder es lassen. (Pause. Leise:) Nein, meine Damen und Herren. Das ist keine Lösung. Das ist eine Flucht aus der Verantwortung . . .«

Solch ein rhetorischer Widerspruch eignet sich auch wunderbar dazu, mögliche Ressentiments im Publikum gegen Ihre Ausführungen vorwegzunehmen. Sprechen Sie einen möglichen Einwand aktiv an: »Viele hier im Saal werden sich fragen, was das für einen Sinn macht, eine gut funktionierende Abteilung aufzusplitten, bewährte Arbeitsabläufe zu verändern? Ich sage Ihnen ehrlich, ich habe noch nie etwas vom ›Management by Abwarten‹ gehalten, so nach dem Motto ›Das haben wir immer schon so gemacht‹ oder ›Das haben wir noch nie so gemacht‹. Jetzt haben wir die Chance, zukunftsträchtige neue Strukturen zu entwickeln, uns auf morgen einzustellen, ja, Arbeitsplätze zu sichern!«

Beim Konzept für Ihre Rede sollten Sie also schon einmal überlegen, welche Widerstände, welche Zweifel oder

Fragen zu Ihren Ausführungen kommen könnten. Fragen Sie Mitarbeiter, Freunde, welche kritischen Aspekte sie sehen und welche sie beantwortet haben möchten. Sie zeigen damit, daß Sie Einwände nicht nur ernst nehmen, sondern auch eine Antwort parat haben.

Der Humor

Bauen Sie in Ihre Rede das ein, was die meisten Menschen herzlich gern tun: Lachen. Damit meine ich nicht hämisches Lachen über andere, sondern Selbstironie, witzige Einfälle, lustige Beispiele. In Deutschland steht Humor leider bei den meisten Rednern auf der schwarzen Liste. Dies gilt besonders für Fachvorträge oder Präsentationen. Ganz im Gegensatz zu Engländern oder Amerikanern, die wissen, daß eine gute Rede auch einen hohen Unterhaltungswert haben muß. John F. Kennedy wird das Zitat zugeordnet: »Bringe einen Menschen zum Lachen und du hast sein Herz gewonnen.«
Ein guter Gag, ein guter Lacher ist ein Highlight in jeder Rede. Lachen lockert, und – das ist meine Erfahrung: Wer lacht, lernt. Viele trockene Ausführungen würden wesentlich besser verstanden, wenn sie mit einem spritzigen Beispiel erläutert würden, mancher Redner würde Sympathiepunkte sammeln, wenn er auch mal über sich selber lachen könnte.
Ich möchte Sie zum Humor im Vortrag ermutigen. Wann immer es möglich ist, zeigen Sie Ihren Charme und Ihren Witz. Das bedeutet nicht, daß Sie Witze erzählen sollen. Im Gegenteil, vor Witzen wird gewarnt – zu unterschiedlich sind die Geschmäcker. Mir geht es um Wortwitz. Der macht sich bemerkbar in Metaphern, in kleinen Ge-

schichten, in witzigen Definitionen. Wenn Ihnen selber
nicht immer was Gescheites einfällt, dann greifen Sie auf
Bewährtes zurück. Es gibt unendlich viele Bücher mit
Zitaten oder Bonmots. Wie gefällt Ihnen dieses: »Was ist
Wahrheit? Holt mir das Waschbecken, würde Pontius
Pilatus sagen« (aus: Heinrich Heine, 999 Apercus und
Bonmots, dtv).

Die Kürze

»Auch Goethe wird durch Streichen besser« heißt eine
altbewährte Journalistenweisheit. »Wenn Sie Ihr Manuskript fertig haben«, so rate ich Teilnehmer/innen in
meinen Seminaren, »dann setzen Sie sich noch einmal
dran und streichen Sie ein Drittel heraus.« Der Aufschrei
ist immer gleich laut. »Aber das geht doch nicht!« Ich bin
seit 25 Jahren Journalistin, und ich kann Ihnen versichern, es geht. Und nicht nur das: Es erhöht die Stringenz
Ihrer Rede, sie wird dynamischer, zügiger und verständ-
licher. Diese erneute Überarbeitung wirft Ballast ab,
dabei knacken Sie Worthülsen, lassen Luft aus Ballons,
kommen Sie auf das Wesentliche.
»Ja, aber ich muß doch 60 Minuten reden«, lautet häufig
der Einwand. Da habe ich einige Gegenargumente:

1. Ihr Vorredner überzieht wahrscheinlich sowieso.
2. Noch nie hat sich ein Zuhörer beschwert, daß eine
   Rede zu kurz gewesen ist, im Gegenteil.
3. Nutzen Sie die gewonnene Zeit, um Ihre Dramaturgie
   effektvoll einzusetzen, für Pausen, oder um besonders
   wichtige Sätze zu wiederholen und sie im Raum
   stehenzulassen.
4. Sparen Sie sich zusätzliche Argumente oder Hinter-

grundwissen für die anschließende Diskussionsrunde auf, damit Sie da auch noch einmal glänzen können.

Die Aktion

Denken Sie immer daran, Sie reden vor einem Publikum des 20. Jahrhunderts. Es ist weder bereit noch in der Lage, Marathonreden zu folgen. Daß sich das Konsumverhalten der Menschen des Medienzeitalters geändert hat, kann Ihnen jeder Quotenzähler eines Privatsenders erzählen. Ich wage die These: Länger als eine halbe Stunde kann sich heute kaum noch jemand konzentrieren.

Natürlich hindert ihre gute Kinderstube die meisten Zuhörer, einfach aufzustehen und zu gehen. Aber auch dem lebhaftesten Redner wird es kaum gelingen, sein Publikum länger als eine Stunde zu fesseln. Normal begabte Redner sollten sich überlegen, ob sie einer halbstündigen Rede nicht lieber einen ebenso langen Diskussionszeitraum anschließen.

Bei einem längeren Vortrag sollten Sie sich überlegen, mit welcher Aktion Sie zwischendurch Bewegung in Ihr Publikum bringen. Ich habe mit solchen überraschenden Aktionen die besten Erfahrungen gemacht. Hier einige Beispiele, wie Sie den Kreislauf Ihrer Zuhörer wieder in Schwung bringen können:

- Lassen Sie die Zuhörer zwischendurch einen bestimmten Aspekt Ihrer Rede mit ihren Sitznachbarn diskutieren. Geben Sie ihnen drei Minuten, dann ergreifen Sie wieder das Wort.
- Bitten Sie Ihre Zuhörer aufzustehen und eine bestimmte Konzentrationsübung zu machen.

- Springen Sie vom Podium und stellen Sie schnell ein paar Fragen an einzelne Zuhörer. Das Mikro ist natürlich dafür vorbereitet.

- Lassen Sie plötzlich ein Transparent oder ein Plakat entrollen, oder zeigen Sie ein witziges Bild auf dem Overhead.

- Werfen Sie als Gag plötzlich Ihre Manuskriptseiten hinter sich mit den Worten: »Auf der heutigen Veranstaltung kamen so viele neue Aspekte auf – was soll der vorbereitete Kram? Ich möchte lieber aufzeigen, welche Schlußfolgerungen ich aufgrund des bereits Gesagten ziehen kann.« (Sie können ja ein paar vorbereitete Stichwortzettel bereit halten.) Der Effekt ist auf jeden Fall klasse.

Denken Sie bei der gesamten Dramaturgie Ihrer Rede daran: Niemand erwartet von Ihnen, daß Sie perfekt sind! Ich plädiere für Klugheit: Wenn Sie merken, daß Sie an einem Tag nicht so gut drauf sind, ziehen Sie die sichere Nummer der außergewöhnlichen Show vor. Vergleichen Sie sich auch nicht ständig mit anderen Rednern, die es besser können. Nehmen Sie diese ruhig als Vorbilder, aber nicht als Maßstab. Sie selbst sind das Maß Ihrer Entwicklung. Sie können an sich selbst erkennen, wie das Selbstvertrauen und das »Handwerkszeug« beim Reden wächst. Sie werden mehr und mehr Erfolgserlebnisse haben und Mißerfolge sachlich einordnen können. Sie werden spüren, wie Sie immer sicherer werden. Sie werden Lust auf Reden bekommen, auf das Spiel mit Sprache, auf die Kunst des Überzeugens, auf das Feedback Ihrer Zuhörer. Denn das wird Ihr Lohn sein.

Immer wenn
das Licht ausgeht

Vom sinnvollen Einsatz
technischer Medien

Haben Sie schon einmal an einer Veranstaltung teilge-
nommen, bei der Dias, Videos oder Folien gezeigt
wurden? Erinnern Sie sich noch an die Stimmung? Wie
Sie sich selbst dabei gefühlt haben? Ach, machen wir
doch eine kleine Übung: Setzen Sie sich bitte noch
einmal so hin, wie Sie damals gesessen haben. An was
erinnern Sie sich? Wie fühlen Sie sich? Überkommt Sie
auch so eine tiefe Ruhe, um nicht zu sagen eine tiefe
Müdigkeit?
Ich mußte gerade spontan gähnen, als ich meine eigene
Erinnerung bemühte. Es ist aber auch so schön schum-
merig in diesem Saal, die Fenster sind zugezogen, die
Lichter sind gedimmt, es herrscht Ruhe. Ich höre nur die
Stimme des Vortragenden, der immer wieder lange
Pausen macht. Ein Bild (oder Chart) nach dem anderen
erscheint an der Wand, mit Sätzen, Punkten, erstens,
zweitens, und jeder Menge Zahlen: Auftragsentwicklung
in den USA, Europa und Asien; Marktanteile; Zielvorga-
ben; technische Daten; Anteile der ... Oh, ich muß schon
wieder gähnen.
Himmel, die Zahlen und Buchstaben verschwimmen vor
meinen Augen. Ja hört das denn gar nicht mehr auf? Ich
reiße mich zusammen. Setze mich wieder gerade hin,

versuche mich auf die Bilder da vorn und die Stimme des Vortragenden zu konzentrieren. Wenn nur diese bleierne Müdigkeit nicht wäre.

Vorhin bin ich noch hierher gerast, um nicht zu spät zu kommen, habe mir extra einen guten Platz ausgesucht, war ganz gespannt auf das Thema – und jetzt das. Einfach peinlich. Aber den anderen Anwesenden scheint es genauso zu gehen. Als nach einer halben Stunde das Licht wieder angeht, rekeln und strecken sich erst mal alle, reiben die Augen, putzen Brillen. Der Redner bittet um Fragen. Komisch, da kommt nicht viel. Ich selbst fühle mich auch wie erschlagen. Gut, daß jetzt eine Kaffeepause vorgesehen ist.

Ich hoffe, Sie sind beim Lesen nicht eingenickt. Ich jedenfalls mußte nach dem Beschreiben dieser Situation tatsächlich erst mal aufstehen, mich rekeln, mir eine neue Tasse Tee holen. Allein die Vorstellung einer solchen Schnarchpräsentation reicht aus, um mich an einen Tiefpunkt zu bringen. Und diese bleierne Müdigkeit überkommt mich tatsächlich sehr oft bei mediengestützten Präsentationen, egal ob durch Folien, Dias, Videos oder Computeranimationen. Kaum eine Pressekonferenz, auf der ich nicht mit Unmengen von Charts erschlagen werde. Kein Vortrag, bei dem nicht mindestens 15 Folien aufgelegt werden müssen. Folien sind die besten Einschlafhilfen. Ein Wunder, daß sie nicht auf Rezept in der Apotheke verkauft werden. Ich hasse es!

Und zwar nicht nur, weil ich, wie Sie wissen, vom Rednertyp her eine »Katze« bin. Sondern weil ich auch den Sinn und Nutzen der technischen Ergänzung meistens nicht einsehe. Das kann nicht daran liegen, daß ich vielleicht ein auditiver Mensch bin, also jemand, der Informationen vor allem durchs Hören aufnimmt – nein, ich würde mich schon als Visualisierer einschätzen, also jemand, der in Bildern denkt. Aber bei den meisten Präsentationen werden diese Bilder nicht gezeigt. Sondern es wird lediglich das Gesprochene noch einmal in Schriftform wiederholt.

Der Redner sagt: »Unser neues Produkt hat drei Vorteile. Erstens...« Auf dem Chart erscheint »Unser Produkt hat 3 Vorteile: 1. ...« Der Redner sagt: »In den USA und Japan sind wir Marktführer.« Auf dem Chart ist zu sehen: »In den USA und in Japan ist die Firma Marktführer.« Wo bitte habe ich davon einen Zusatznutzen? Ja, wenn ich das Produkt vielleicht mal sehen würde? Oder die Vorteile mir bildlich dargestellt würden? Vielleicht sogar mit einer Karikatur?

Und da sind wir schon mittendrin in der Problematik der technisch unterstützten Rede, auch gern Multimediapräsentation genannt. Neulich habe ich wieder mal gegen mein Gefühl gehandelt und doch einige Folien hergestellt. Das lag aber nur an meinem nagelneuen Computer mit seinen unzähligen Schriften, und an meinem wunderbaren neuen Farbdrucker, einem Alleskönner.

Also habe ich mich hinreißen lassen und für ein Seminar fünf Folien ausgedruckt. Sie sahen aber auch zu schön aus. Stolz habe ich sie in die Veranstaltung mitgeschleppt und auch gleich eine auf den Tageslichtprojektor gelegt. Was leider ziemlich unglücklich war: Es war viel zu hell im Saal, meine Traumfarben verschwammen an der weißen Wand. Hilfreiche Geister stürzten zur Verdunkelungsanlage, machten alle Schotten dicht. Ja, jetzt war was zu sehen. Fünf Punkte, in wunderbaren Bonbonfarben. Doch was danach, Schotten wieder auf? Bis zur nächsten Folie? Oder zulassen und Licht an? Oder öffnen und auf schlechtes Wetter warten? Ich entschied mich dafür, die Verdunkelung aufzuheben und die anderen

Folien in der Mappe zu lassen. Die Zahlen, auf die es mir ankam, schrieb ich flugs mit dickem Stift auf das bereitstehende Flipchart.

Sie haben vielleicht gemerkt: Ich habe den klassischen Fehler gemacht, den man bei der Nutzung von technischen Hilfsmitteln machen kann: Ich habe die Aktion nicht genügend vorbereitet. Ich wußte nichts über das veraltete technische Gerät und die Lichtverhältnisse im Vortragsraum. Doch auf diese Hindernisse können alle stoßen, die außerhalb ihres eigenen Büros oder Konferenzraums eine Rede mit Folien und Co. untermalen wollen.

Nun sind Sie vielleicht ein typisches »Pferd« und lieben sowieso alle technischen Möglichkeiten. Oder Sie wollen oder können nicht auf Hilfsmittel bei Ihren Auftritten verzichten, und stellen sich auch nicht gar so störrisch an wie ich. Dann kann Ihnen, vor allem als Präsentationsneuling, vielleicht folgende Checkliste helfen. Im ersten Teil geht es um die technischen Voraussetzungen, im zweiten um die inhaltlichen, im dritten um die psychologischen.

Checkliste 1:
So bekommen Sie
die Technik in den Griff

☐ Prüfen Sie vorab die Lichtverhältnisse im Raum und den Abstand von Rednerpult/Bühne zum Publikum.

☐ Erkundigen Sie sich, welche technischen Geräte im Vortragsraum vorhanden sind bzw. welche zur Verfügung gestellt werden können.

☐ Probieren Sie diese Geräte auf jeden Fall vor Ihrem Vortrag einmal vor Ort aus. Denn dann stoßen Sie auf mögliche Probleme früh genug, z. B. defekte Jalousien, durchgebrannte Projektorlampen, zu kurze Kabel, zerkratzte Folienprojektionsflächen, überlastete Sicherungen, leiernde Kassettenrecorder, schadhafte Mikrofone, nicht kompatible Computersysteme etc.

☐ Wiederholen Sie den Technikcheck kurz vor Ihrem Auftritt (bei Kongressen eventuell in einer Kaffeepause) möglichst noch einmal. Weiß der Teufel, wer immer zwischendurch die Videoanlagen verstellt? Wann ging die Folienrolle zu Ende? Und wer hat den Hauptschalter für die Stereoanlage ausgedreht? Reden Sie mit den zuständigen Technikern, Hausmeistern etc., damit sie sofort zur Stelle sind, falls etwas schiefgeht.

☐ Bringen Sie nötigenfalls eigene, gutfunktionierende

Geräte mit und sorgen Sie dafür, daß sie rechtzeitig aufgebaut und angeschlossen sind. Das gilt auch für computergestützte Präsentationen per »Projection Screen«. Computergrafiken auf LCD-Displays sollten möglichst mit dem eigenen Notebook als Steuereinheit eingespielt werden. Und prüfen Sie vorher, ob die Bildqualität auch für größere Räume ausreicht.

☐ Die Selbstversorgung gilt unter Umständen auch für Flipchartblöcke: Nichts ist ärgerlicher, als wenn Ihr Vorredner großzügig Papier verbraucht hat und Sie sich mit einem ärmlichen Blatt begnügen müssen. Ein Tip: Ich bestelle für Vorträge möglichst zwei Flipcharts, die ich nebeneinander benutzen kann. Die Gefahr, daß das Papier ausgeht, ist dann gering.

☐ Was Sie immer selbst dabei haben sollten, wenn Sie am Flipchart arbeiten, sind dicke Filzstifte. Wer so oft wie ich in fremden Räumen arbeitet, stellt fest, daß nicht immer ein gut sortierter Moderatorenkoffer bereit steht. Auch in besten Hotels werden nicht unbedingt Stifte mit dem Flipchart bereitgestellt. Einzelne Stifte sind – Murphy's Law – immer ausgetrocknet oder leer geschrieben. Oder sie sind während eines Kongresses ganz einfach spurlos verschwunden.

☐ Das gleiche gilt für Weißwandtafeln. Checken Sie rechtzcitig ab. Sind die passenden Stifte dabei? Ist die Tafel von allen Anwesenden einzusehen oder mobil? Ist sie groß genug?

☐ Eine Pinnwand ist etwas Tolles – dumm nur, wenn die Nadeln fehlen oder das Kreppband nicht auf dem beschichteten Papier hält. Probieren Sie also auch das lieber vorher aus.

☐ Prüfen Sie besonders sorgfältig Mikrofone und Verstärkeranlagen. Prüfen Sie vor allem, ob Sie nicht ganz darauf verzichten können (bei Veranstaltungen bis 50 Personen meist möglich). Ich erlebe es sogar in großen, häufig genutzten Sälen, daß die Anlage schlecht ausgesteuert ist: Kaum haben Sie Ihre umwerfenden Anfangssätze ins Mikrofon gehaucht, brüllen die Zuhörer/innen, die weiter hinten sitzen, schon »Lauter!« Ihr Auftritt ist erst einmal geschmissen. Oder die Anlage fängt das Pfeifen an, sobald jemand am Saalmikrofon zu reden beginnt. Oder auf dem Podium sind nicht genügend Standmikrofone aufgestellt und Sie müssen einen Giraffenhals machen, um gehört zu werden. Oder, oder.

Egal, welches Mikrofon Sie zur Verfügung haben: Pusten oder schlagen Sie bitte nie zu Beginn auf ein Mikro. Das wirkt absolut unprofessionell. Es kann das Gerät zerstören, und Sie erreichen nur, daß die Zuhörer/innen sich nach diesem Knall bei Ihren ersten Worten noch die Ohren zuhalten.

Denken Sie daran: Wenn etwas bei Ihrem Auftritt nicht funktioniert, fällt das auf Sie zurück! Besonders wenn Sie eine Frau sind! (Ich will diesen saublöden Satz »Ach ja, Frauen und Technik!« nie mehr hören.)

Checkliste 2:
So bieten Sie einen
wirklichen Zusatznutzen

☐ Setzen Sie nur Medien ein, deren Gebrauch Sie absolut beherrschen!

☐ Beschränken Sie optische Darstellungen auf das Allerwichtigste! Ein Beispiel: Erwähnen Sie in Ihrem Vortrag eine beeindruckende Zahl? Die es wert ist, noch einmal ganz groß hervorgehoben zu werden? Und von der Sie möchten, daß alle Zuhörer/innen sie sich merken? Dann wäre es vielleicht ein Gag, wenn Sie nur diese Zahl, zum Beispiel eine fette »55« an die Wand werfen würden.

☐ Vermeiden Sie aber, Texte zum Mitlesen zu präsentieren. Sonst kann zweierlei passieren. Erstens: Technik schlägt Redner. Das heißt: Die Aufmerksamkeit wird von Ihrer Person auf die Wand abgelenkt. Wollen Sie das? Und zum zweiten: Auge schlägt Ohr. Wer still mitliest, kann nicht mehr aufmerksam zuhören. Und Zuhörer/innen sind schnell gelangweilt, wenn Sie zum Vortragen länger brauchen als sie selbst zum Lesen. Wollen Sie das?

☐ Nutzen Sie die Hilfsmittel vor allem für das, was Ihre Stimme nicht leisten kann. Technik ist prima, um Bilder zu zeigen, also zum Beispiel Dias von Fotos, originelle Zeichnungen, Karikaturen, möglichst plakativ. Dann stimmt der Satz: »Ein Bild sagt mehr als tausend Worte.«

☐ Vielleicht eignen sich kurze Videoausschnitte, um Ihren Vortrag zu unterstützen. Mit kurz meine ich ein, zwei Minuten, in denen Sie beispielsweise die Anwendungsmöglichkeiten Ihres Produkts vorführen können oder Beispiele für die Thesen, die Sie aufstellen.

☐ Bei technisch aufwendigeren Präsentationen sollten Sie jemanden engagieren, der Ihnen das Knopfdrükken abnimmt, damit Sie den Kopf für die Inhalte frei haben.

☐ Nutzen Sie Flipchart oder Weißwandtafel, um Situationen zu skizzieren, Größenunterschiede deutlich zu machen oder mit farbigen Symbolen zu differenzieren. Damit können Sie einen Vortrag wirklich auflockern.

☐ Achten Sie darauf, daß die Schrift oder die Abbildungen auf den Folien groß genug ist, um auch noch aus der letzten Reihe gelesen zu werden. Computerschrift sollte beispielsweise mindestens 16, besser noch 20 Punkt groß sein. Benutzen Sie lieber dunkle, kräftige Farben, die sich gut lesen lassen. Stellen Sie das Objekt in die Mitte Ihrer Folie, lassen Sie einen hellen Rand frei.

☐ Schreiben Sie viel mit der Hand, z. B. am Flipchart oder auf Folie? Dann sollten Sie sich eine klare Druckschrift angewöhnen. »Apothekerschrift« ist nicht nur unleserlich, sondern wirkt arrogant oder schlampig.

☐ Vorsicht mit Tabellen, Stab- und Säulendiagrammen, Kurven, Tortenstücken, Schraffierungen und anderen grafischen Kinkerlitzchen. Oft brauchen die Zuhörer/ innen zu lange, um das System zu begreifen. Und meistens wird das Publikum mit zu vielen Statistiken erschlagen.

☐ Müssen Zahlen sein, dann runden Sie sie möglichst ab, die Stellen hinter dem Komma interessieren meistens niemanden und verwirren nur (Ausnahme: der naturwissenschaftliche Fachvortrag).

☐ Lassen Sie die Abbildungen einige Sekunden stehen und wirken, bevor Sie darauf eingehen. Zuhörer/innen hassen es, gehetzt zu werden. Und »reißen« Sie nicht eine Folie oder ein Dia nach der/dem anderen ab. Falls Sie in Zeitnot gekommen sind, lassen Sie lieber die eine oder andere Abbildung weg!

☐ Sprechen Sie immer (!) mit dem Gesicht zu Ihrem Publikum. Das heißt, schweigen Sie, während Sie am Flipchart oder an der Tafel schreiben oder eine Folie wechseln. Alles andere ist extrem unhöflich.

☐ Unterstreichen Sie Ihren Inhalt ab und zu mit »Haptischen Modellen«, also Gegenständen, die Sie in die Hand nehmen, zeigen, vielleicht sogar herumgehen lassen. Sie können damit wunderbare »Aha«Erlebnisse auslösen. Achten Sie darauf, daß diese Gegenstände groß genug sind, um auch noch in der letzten Reihe erkannt werden zu können.

☐ Fragen Sie in einem großen Vortragssaal nach einem drahtlosen Mikrophon, zum Beispiel einem Headset, das Sie aufsetzen können, oder einem Krawatten- oder Magnetmikro, das Sie sich problemlos an Jackett, Bluse oder Hemd stecken können. Dann können Sie sich während des Vortrags oder der Präsentation frei auf der Bühne bewegen und haben beide Hände frei (zum Beispiel zum Folienauflegen).

☐ Um zu testen, ob das Mikro eingeschaltet ist, sollten Sie Ihren Vortrag mit einem halblauten unbedeutenden Satz beginnen, etwa »Schön, fangen wir an.«

☐ Kassettenrecorder eignen sich wunderbar, um Originalgeräusche einzuspielen oder Auftritts- und Schlußmusik zu bieten. Mit kurzen Musikstücken können Sie auch Kernaussagen Ihrer Rede unterstreichen.

☐ Achten Sie darauf, daß die Lautstärke stimmt und Sie die Kassetten nach dem Probelauf auf die richtige Position zurückspulen.

Checkliste 3:
So geht Ihnen niemand flöten

☐ Achten Sie auf Verdunkelungsgefahr: daß Sie den Kontakt zum Publikum verlieren könnten. Im Dunkeln fühlt sich jeder unbeobachtet und »packt die Butterbrote aus«, wie die Ghostwriterin Antje Felscher humorvoll meint.

☐ Lassen Sie es also so hell wie möglich im Saal, gerade so dunkel, daß Ihre technischen Hilfsmittel wirken können.

☐ Achten Sie darauf, daß vor Ihrem Vortrag noch mal gut durchgelüftet wurde oder die Klimaanlage etwas kleiner gestellt wird. Wenn die Luft zu warm und abgestanden ist, droht bei Verdunkelung erhöhte Einschlafgefahr!

☐ Bemühen Sie sich verstärkt um Blickkontakt mit Ihren Zuhörer/innen, so daß Sie jederzeit kontrollieren können: Sind sie noch bei mir oder längst im Phantasialand?

☐ Wenn alle, Sie eingeschlossen, nur noch auf die Projektionsfläche starren, können Sie keine Brücken zum Publikum bauen. Also wenden Sie sich beim Sprechen auch mit Ihrer Körpersprache immer direkt an die Zuhörer/innen.

☐ Wenn es dunkel ist, werden die Sinne gedämpft, schaltet man leichter ab. Achten Sie darauf, mit Ihrer Stimme oder mit mehr »Action« die Aufmerksamkeit Ihrer Zuhörer wachzuhalten.

☐ Machen Sie ganz bewußt Pausen zwischen den Präsentationshilfen. Lassen Sie, wenn es geht, zwischendurch das Licht wieder höher drehen, oder schalten Sie das Gerät ab.

☐ Wenden Sie sich dann ganz und gar Ihrem Publikum zu, indem Sie beispielsweise auch die räumliche Nähe suchen, näher an den Bühnenrand treten oder in den Gang zwischen den Stuhlreihen.

☐ Stellen Sie zwischendurch vermehrt rhetorische Fragen an das Publikum, die signalisieren »Hallo, noch alle da?«

☐ Viele Redner lieben Folien, weil sie selbst dann nicht im Mittelpunkt stehen oder sich in dieser Zeit entlastet fühlen: »Jetzt legen wir erst mal ein paar Folien auf ...« Wägen Sie Ihre eigene Motivation und den Sinn der Medienshow ab.

☐ Prüfen Sie bei jeder Zahl, jeder Torte, jedem Dreipunktechart: Ist es wirklich wichtig? Gibt es meinem Thema Würze? Und hält es meine Zuhörer/innen bei Laune? Würde ein Blatt Papier, an alle verteilt, den gleichen Effekt erzielen?

☐ Spüren Sie beispielsweise, daß während Ihrer Präsentation im »Nachmittagstief« eines Kongresses Ihr Publikum sanft entschläft, nehmen Sie sich den Mut zur Konzeptänderung, schmeißen Sie Ballast über Bord.

Und darauf einen Toast!

Tips für die Stegreifrede

Ihr Chef feiert seinen 60. Geburtstag. Ihre Mitarbeiterin hat einen Preis verliehen bekommen, auf den Sie in illustrer Runde anstoßen. Sie sind befördert worden und möchten eine kleine Dankesrede darauf halten. Es gibt tausend Anlässe, einen Toast anzubringen, Verabschiedungen, Hochzeiten, Jubiläen, Geburtstage, Dankesreden ... aber die meisten Menschen haben Höllenangst vor so einer Stegreifrede.

Eine sehr schöne Hilfskonstruktion für jede Stegreifrede hat sich Ulrike Bergmann, Managementtrainerin aus München, für dieses Buch ausgedacht. Sie widmet sich dem Thema Toast, seit sie beim Jahrestreffen einer Firma, in der sie gerade mal vier Wochen arbeitete, aufgefordert wurde: »Sie als einzige Frau in dieser Runde könnten doch nach dem Essen ein paar Worte sagen. Natürlich auf Englisch.« Ulrike Bergmann rutschte damals das Herz in den Rock. Während des Abendessens schrieb sie sich schnell ein paar Stichworte auf. Und kaum war das Dessert abgeräumt, war sie dran. »Ich glaube, ich war richtig gut. Meine Stegreifrede ist besser angekommen als die Rede des Vorstands.«

Seither hat sie das Thema nicht mehr losgelassen. Sie ist aktives Mitglied bei einem Netzwerk, das sich »Continental Council of European Toastmasters« (CCET) nennt.

Dies ist ein Zusammenschluß von interessierten Leuten, die sich monatlich treffen und ihre Fähigkeit schulen, aus dem Stegreif zu reden. Und zwar unter verschärften Bedingungen, nämlich auf Englisch. Vor über 75 Jahren wurde das Original in den Vereinigten Staaten gegründet, um freies Reden zu trainieren. Seit 1973 gibt es aber in vielen deutschen Großstädten wie Frankfurt, Stuttgart, München, Kaiserslautern, aber auch in Österreich, Frankreich oder Luxemburg ebenfalls diese monatlichen Treffs.

Behandelt werden bei jedem Treffen »Table Topics«. Jeweils ein Mitglied denkt sich ein Thema aus und fordert dann ein anderes Mitglied auf, etwas dazu zu sagen. Und zwar etwas Anspruchvolles, nicht nur »Hoch das Glas!«

Ulrike Bergmann ist also mittlerweile eine erfahrene Toasterin geworden. Sie hat das Erfolgsmuster für jede Stegreifrede TUBA benannt. TUBA steht für die vier Schritte, aus denen ein gelungener Toast bestehen sollte:

1. T wie Thema. Wozu ist man zusammengekommen? Das 25jährige Jubiläum vom Kollegen Müller, die Abendeinladung von Frau Konsul Leutebach, der 50. Geburtstag des Schwiegerpapas.
2. U wie Um was geht es? Schmücken Sie den Anlaß aus, schildern Sie die Hintergründe, würdigen Sie den Jubilar.
3. B wie Beispiel. Erzählen Sie eine kleine Anekdote. Wie war das, als sie sich das erste Mal trafen? Oder als das Hochwasser im Betrieb war? Oder als sie ihm aus Versehen mal die Tür vor die Nase geknallt haben? Ihre Zuhörer sollen hier schmunzeln können.
4. A wie Abschluß, Aktion oder Aufruf. Jetzt fordern Sie Ihre Zuhörer/innen auf, aktiv zu werden. Beispielswei-

se das Glas zu erheben, ein dreifaches Hurra zu rufen, oder Sie geben der Kapelle das Zeichen für einen Tusch.

Ich liebe TUBA inzwischen genauso. Denn ich habe es bei den verschiedensten Gelegenheiten mehrfach ausprobiert. Und das System funktioniert wirklich. Sie brauchen höchstens zehn Minuten, um sich die Stegreifrede in Gedanken zurechtzulegen. Die Rede selbst sollte nicht länger als drei bis fünf Minuten sein. Die vier TUBA-Stichworte – **T**hema; **U**m was geht es; **B**eispiel und **A**bschluß – können Sie als Stütze benutzen. Und es macht einen wirklich guten Eindruck, wenn Sie ganz spontan und locker an Ihr Glas klopfen: »Darf ich einen Augenblick um Ihre Aufmerksamkeit bitten...«

PS. Noch ein Tip am Schluß für meine männlichen Leser, die ab und zu in Verlegenheit geraten könnten, einen Toast auf englisch hervorbringen zu müssen. Lassen Sie bitte niemals mit den Worten »Onto the Ladies« anstoßen. Sie meinen es vielleicht galant. Doch es ist absolut obszön. Denn es heißt zwar: »Auf die Frauen«. Aber es hat eine ganz, ganz andere Bedeutung ... Richtig muß es natürlich heißen: »To the Ladies!«

Standing ovations

Die haben Sie sich verdient

»Applaus ist etwas Herrliches«, sagte ich vor einigen Jahren zu meinem Coach Achim Hofmann. Wir waren beide Referenten auf einem großen Sekretärinnenkongreß. »So? Warum machst du dann immer so abwehrende Handbewegungen, wenn man dir applaudiert?« Ich, äh – wieso? Ja, er hatte recht. Viele Jahre lang habe ich Beifall schier nicht aushalten können, nicht ertragen. Habe mit beiden Händen versucht, diese Reaktion, die mich verlegen, unsicher, ja beschämt machte, zum Schweigen zu bringen.

Heute weiß ich, daß viele Menschen unter dieser »Applauspanik« leiden, daß sie das, was sie so sehnlichst anstreben, einfach nicht ertragen können. Die Abwehrmechanismen sind vielfältig:

- Manche machen irgendwelche schrägen Witze, um die eigene Verlegenheit zu überspielen, ziehen sich selbst ins Lächerliche, machen sich zum Affen.
- Andere wehren bescheiden ab: Nein, nein, lassen Sie mal, nicht doch, danke, das reicht ... Sie strecken ihre Hände aus, als wollten sie einen bösen Zauber abwehren.
- Besonders Frauen sinken errötend in sich zusammen, werden ganz klein, drehen imaginäre Schürzenzipfel in

den Händen, machen einen kindischen Schmollmund und gucken scheu von unten nach oben.

- Ganz Ängstliche nuscheln die letzten Worte ihrer Rede besonders undeutlich und flüchten dann fast panikartig von der Bühne, ehe die Zuhörer/innen überhaupt merken, daß sie geendet haben. Ein fader Beigeschmack bleibt zurück.

Die Hintergründe für ein solches Verhalten sind Ihnen hoffentlich beim Lesen dieses Buches klargeworden. In wenigen Worten zusammengefaßt lautet der Glaubenssatz, der dahintersteckt: »Ich bin es nicht wert, daß ihr mich lobt. Ich war nicht gut, ich war nicht gut genug.« Diese Menschen können auch sonst mit Lob schlecht umgehen: Lobt man ihre Kleidung, sagen sie schnell: »Ach, das Kleid ist schon ganz alt.« Lobt man ihre Arbeit, beeilen sie sich zu versichern: »Ach, da haben ganz viele mitgeholfen, und außerdem hatte ich viel Glück.« Alle diese Abwehrsätze zeigen sich auf der Bühne in den abwehrenden Händen, dem unglücklichen Lächeln.

Der amerikanische Psychologe Nathaniel Branden hat in seinem Buch »Die sechs Säulen zum Selbstwertgefühl« beschrieben, warum viele Menschen so ein gestörtes Verhältnis zum Lob haben: Sie finden das Lob nicht angemessen. Sie selbst haben weitaus höhere Erwartungen an sich selbst als die anderen, im Fall einer Rede also die Zuhörer. Wenn ich meine, ich muß perfekt reden, darf mich nicht versprechen, hätte dies oder jenes noch besser artikulieren können, hätte diesen oder jenen Aspekt noch deutlicher machen müssen – wenn ich also in meiner eigenen Bilanz auf der Negativseite viel mehr Striche habe als auf der Positivseite, dann glaube ich dem Beifall der anderen einfach nicht. Nach dem Motto: »Wenn ihr wüßtet, wie miserabel ich bin!«

Erst wenn wir an unseren Glaubenssätzen arbeiten, uns Fehler zugestehen und den Wahn aufgeben, perfekt sein zu müssen, dann können wir den Lohn für unsere Mühe ernten, können den Beifall als das nehmen, was er ist: Anerkennung unserer Leistung. Und wenn wir auch noch so unsicher oder stümperhaft unsere Rede hinter uns gebracht haben, dann ist es doch immerhin die Anerkennung unseres Mutes.

Wenn Sie nach und nach die Erfahrung machen: »Ich bin ein guter Redner«, dann sind Sie sind auf dem Weg, Applaus genießen zu lernen. Und dann können Sie aufhören, sich mit solch kindischen Verhaltensweisen um den verdienten Lohn Ihrer Arbeit zu bringen. Wir haben uns wochenlang vorbereitet, haben geschrieben und gestrichen, formuliert und noch mal gefeilt, zigmal geprobt. Dann haben wir uns nach schlaflosen Nächten hinausgetraut auf die Bühne – die Nerven flattern, die Hände zittern – und haben unser Bestes gegeben: uns selbst. Das ist doch einen Beifall wert!

Was für den Schlußapplaus gilt, gilt aber auch für den Beifall auf offener Szene, also dem spontanen Klatschen zwischendurch. Rechnen Sie damit, lassen Sie es zu, oder »kitzeln« Sie es sogar aus Ihren Zuhörern heraus. Am besten schaffen Sie das, indem Sie mit überlegten Pausen Ihren Zuhörer/innen die Chance geben, das, was Sie sagen, zu verstehen – und darauf zu reagieren. Schauen Sie in dieser kurzen Pause ins Publikum, zeigen Sie, daß Sie eine Reaktion erwarten. Spielen Sie den Ball ins Auditorium, wenn er bunt genug war, wird er zurückkommen – in Form von Lachen oder Beifall.

Einen guten Redner, eine gute Rednerin erkennt man eben auch daran, wie er/sie mit Beifall »spielt«. Ich beobachte das immer wieder bei Politikern. Viele vergeben sich durch einen ungeschickten Umgang mit

Applaus viel ihrer Wirkung. Sie erkennen ihre eigenen »beifallträchtigen« Sätze nicht, reden hastig über die gute Stelle hinweg. Meistens passiert das bei Rednern, die vom Blatt ablesen, die ihr Publikum nicht im Blick haben und seine Reaktionen nicht erkennen. Solche Rede-Autisten wundern sich, daß das Klatschen in ihren nächsten Satz hinein kommt, und machen dann die Pause an der falschen Stelle. Und wundern sich wiederum, wie dünn dann der Applaus kommt. Schade, falsches Timing.

Achten Sie bei der Vorbereitung Ihrer Rede einmal auf Ihr Applaustiming. Wann erwarten Sie Beifall, wann möchten Sie ihn? Wann brauchen Sie ihn? Überlegen Sie, wie Sie sich die Unterstützung »by hands« abholen können. Meistens erreichen wir das schon durch ein wenig mehr Dramatik in der Stimme und anschließendem bedeutungsschweren Schweigen. Probieren Sie es aus!

Steigern Sie vor allem gegen Ende Ihres Vortrags noch einmal die Spannung, werden Sie etwas lauter, auch etwas pathetisch oder feierlich. Und dann kommt er, der letzte Satz, der Schlußknaller. Basta. Wie zeigen Sie, daß Sie bereit sind für den Schlußapplaus? Sicher nicht, indem Sie mit ausgebreiteten Armen Ihre Huldigung erwarten – das dürfen nur die drei Tenöre. Der gute Redner, die gute Rednerin verbeugt sich ganz leicht oder haucht ein Danke ins Mikro, tritt einen halben Schritt zurück, läßt die Spannung aus dem Körper entweichen. Wird in wenigen Sekunden vom Vortragenden wieder zum Menschen. Allein durch diese Körpersprache signalisieren Sie: Jetzt seid ihr dran!

Ich habe inzwischen gelernt, Beifall nicht mehr als beißende Ironie zu empfinden, als Schläge gegen mein Selbstwertgefühl. Einmal dadurch, daß ich dieses gestärkt habe, und zum anderen durch Üben und Erfahrung. Aus der ich die Überzeugung gewonnen habe: Ja, ich bin eine gute Rednerin! Und ich habe Applaus verdient!

Sehr hilfreich auf diesem Weg war aber auch ein Coaching, in dem Achim Hofmann mich gnadenlos Applaus ausgesetzt hat. Drei Zuhörerinnen mußten mir zujubeln, Bravo rufen, klatschen wie von Sinnen. Ich war den Tränen nah auf meiner imaginären Bühne, hielt die Situation kaum aus, bis – ja, bis ich endlich aufgab, die Arme abwehrend auszustrecken, mich abzuwenden, die Hände vors Gesicht zu schlagen, den Clown zu spielen oder »Nein, danke, aufhören« zu winseln.

Heute, drei Jahre später, kann ich in Beifall baden wie in einer Wanne voller Champagner. Ich kann mich herzlich über die Anerkennung freuen und die anstrahlen, die mir applaudieren. Die Hände hängen dabei entspannt herab, ich atme tief durch. Mit einem leichten Kopfnicken danke ich für den Applaus. Wenn ich spüre, die Intensität läßt nach, gehe ich – von den letzten warmen Wellen getragen – zurück zu meinem Platz. Beifall ist geil!

Wenn Sie auch lernen wollen, entspannt und glücklich im Mittelpunkt zu stehen, ihn auszuhalten, empfehle ich Ihnen: Trainieren Sie mit Leihapplaus, das heißt, nehmen Sie bei einem Radiokonzert, von einer CD oder aus einer Fernsehshow Applaus auf. Hängen Sie ruhig mehrere Takes zu einer Klatschorgie zusammen, die einige Minuten anhält. Suchen Sie sich einen Platz vor einem großen Spiegel und spielen Sie die Kassette ab.

Jetzt stellen Sie sich vor, dieser Applaus gehörte Ihnen. Nach einer Rede würden Sie mit dieser Form der Anerkennung regelrecht überschüttet. Was für ein Gefühl ist das? Verändern Sie versuchsweise Ihre Körperhaltung. Richten Sie sich auf, heben Sie den Kopf, strahlen

Sie in Ihr imaginäres Publikum. Anfangs werden Sie sich vielleicht dämlich vorkommen, aber das vergeht. Werden Sie immer mutiger in Ihren Gesten, bis Sie schließlich mit halb erhobenen Armen und offenen Händen Ihren Applaus empfangen.

Nehmen Sie dieses tolle Gefühl mit in Ihre nächste Rede, öffnen Sie Ihr Herz für das, was Sie sich verdient haben:

Standing ovations!

Anhang

Hilfreiche Adressen

Möchten Sie auf dem Weg zum besseren Redner, zur besseren Rednerin professionelle Hilfe in Anspruch nehmen? Ich habe Ihnen hier meine Adresse sowie die einiger Fachleute aufgeschrieben, von denen ich weiß, daß Sie Ihnen behilflich sein können.

Sabine Asgodom
Stuntzstr. 13
81677 München
Tel. & Fax 0 89/9 10 35 50
Angebot:
- Moderationen
- Referate, Vorträge, Seminare zu den Themen:
  Selbst-PR, Presse- und Öffentlichkeitsarbeit,
  Auftritt und Wirkung, Selbstmanagement, Ausstrahlung und Charisma;
- Einzelcoachings zu den Themen:
  Selbst-PR, PR-Planung, Karriereplanung,
  Redenschreiben, Redetraining

Ulrike Bergmann

Guardinistr. 34 · 81375 München
Tel. 0 89/7 41 40 38-4, Fax -5
Angebote:
- Beratung für ungewöhnliche Zielerreichung
- Coachings, Erfolgsteams

Antje Felscher

Bockumer Str. 151 – Dorotheenhof · 40489 Düsseldorf
Angebote:
- Ghostwriting, Texte
- PR

Achim Hofmann

Wasserturmstr. 12 · 91054 Erlangen
Tel. 0 91 31/20 83 38
Angebote:
Seminare, Einzeltraining zu den Themen:
- Stimmbildung
- Körpersprache
- Charisma
- Auftritt

Barbara Lerch

Nymphenburgerstr. 182 · 80634 München
Tel. 0 89/16 13 02
Angebote:
Vorträge, Referate zu den Themen:
Atem, Stimme,
Einzeltherapie und Gruppentrainings:
- Atemtransparenz
- Stimmtraining
- Entspannungstraining

Monika Scheddin
WOMAN's
Franz-Prüller-Str. 15 · 81669 München
Tel. 0 89/44 71 72 75, Fax 0 89/44 71 72 76
Angebote:
- Einzelcoaching, Coaching in Powerteams
- Seminare, Stärkentest

Christiane Weinreich
Sybelstr. 23 · 10629 Berlin
Tel. 0 30/3 24-82 23, Fax -02 11
Angebot:
- Interviewtraining
- Medientraining
- Sprecherziehung
- Schauspieltraining

Renate Weiss-Kochs
Reßweg 14 · 82205 Gilching
Tel. & Fax 0 81 05/84 81
Angebote:
- Referate, Vorträge, Seminare
  zum Thema Imageberatung
- Einzelberatung:
  Farbe, Make-up, Stil, Frisuren, Garderobenplan

Weiterführende Literatur

Harry Holzheu, Natürliche Rhetorik, Düsseldorf 1994

Fred Maro, Sicher präsentieren, Düsseldorf 1994

Thilo von Trotha, Reden professionell vorbereiten, Düsseldorf 1996

Dorothy Sarnoff, Noch besser werden, München 1991

Gudrun Fey, Selbstsicher reden, selbstbewußt handeln, Berlin 1994

Joan Kenley, Stimme und Erfolg, Zürich 1990

Sabine Asgodom, Eigenlob stimmt, Düsseldorf 1996